JN024720

すぐに使える!
カモさんのかわいい
ペープサート
illustrator カモ

CONTENTS

本書の特長 …… 4
本書の見方 …… 5
基本の絵人形の作り方 …… 6
絵人形以外に準備するもの …… 7
演じ方のコツ …… 8
楽譜 …… 127

通年使える短い作品

ペープサート❶ ♪うたあり
こぶたぬきつねこ …… 10
型紙 …… 130

ペープサート❷
さんかくのおいしいものなあに？ …… 12
型紙 …… 131

ペープサート❸
カレーライスにかくれんぼ …… 14
型紙 …… 132

ペープサート❹
グー、チョキ、パーあそび …… 16
型紙 …… 133

ペープサート❺
たまご大変身！ …… 18
型紙 …… 134

ペープサート❻ ♪うたあり
ぞうくんと不思議なハナ …… 20
型紙 …… 135

ペープサート❼ ♪うたあり
世界中のこどもたちが …… 22
型紙 …… 137

ペープサート❽ ♪うたあり
ぶーぶーぶー …… 24
型紙 …… 138

お役立ちコラム①
「こんなときに演じてみよう！」 …… 26

季節・行事がテーマの作品

ペープサート❾【入園式】
今日はワクワク入園式 …… 28
型紙 …… 139

ペープサート❿【こどもの日】
かぶとと こいのぼり …… 31
型紙 …… 140

ペープサート⓫【遠足】
リッちゃんとサッくん …… 34
型紙 …… 141

ペープサート⓬【梅雨】
傘ちゃんとてるてる坊主くんのケンカ …… 37
型紙 …… 142

ペープサート⓭【プール】
大きなお友だちとプールあそび …… 40
型紙 …… 143

ペープサート⓮【七夕】♪うたあり
迷子の流れ星 …… 43
型紙 …… 145

ペープサート⓯【夏休み】
スイカの夏休み …… 46
型紙 …… 147

ペープサート⓰【夏祭り】
おもちゃの夏祭り …… 49
型紙 …… 149

ペープサート⓱【お盆】
お盆ってなあに？ …… 52
型紙 …… 150

ペープサート⓲【防災の日】
「お・か・し・も」を守ろう …… 55
型紙 …… 151

ペープサート⓳【お月見】
お月さまとホットケーキ …… 58
型紙 …… 152

ペープサート⓴【いも掘り】
おいもとモグラさん …… 61
型紙 …… 153

ペープサート㉑【運動会】
ばけっこ運動会 …… 64
型紙 …… 155

ペープサート㉒【ハロウィン】
ハロウィンおばけの正体は!? …… 68
型紙 …… 158

ペープサート㉓【七五三】
おめでたい七五三 …… 71
型紙 …… 159

ペープサート24 【勤労感謝の日】
みんなのためにありがとう！ ……… 74
型紙 ……… 160

ペープサート25 【クリスマス】
クイズで楽しいクリスマス ……… 77
型紙 ……… 162

ペープサート26 【おもちつき】
不思議なおもちつき ……… 80
型紙 ……… 164

ペープサート27 【お正月】
ネコくんの初夢 ……… 83
型紙 ……… 165

ペープサート28 【節分】
豆の好きな鬼 ……… 86
型紙 ……… 166

ペープサート29 【バレンタインデー】
4つのハートチョコ ……… 89
型紙 ……… 167

ペープサート30 【ひなまつり】
おひなさまのしりとりあそび ……… 92
型紙 ……… 168

ペープサート31 【イースター】
びっくりイースターエッグ ……… 95
型紙 ……… 169

ペープサート32 【誕生日①】
「き」は「き」でも—誕生日クイズ— ……… 98
型紙 ……… 171

ペープサート33 【誕生日②】
誕生日の贈りもの ……… 101
型紙 ……… 172

お役立ちコラム②
「絵人形を組み合わせて楽しもう」 … 104

保育生活がテーマの作品

ペープサート34 【あいさつ】
おしゃべりペンギン ……… 106
型紙 ……… 174

ペープサート35 【交通安全】
交通安全のやくそく ……… 109
型紙 ……… 175

ペープサート36 【食育／好き嫌い】
おいしく食べられるかな？ ……… 112
型紙 ……… 176

ペープサート37 【歯みがき】
ムシバイキンのかくれんぼ ……… 115
型紙 ……… 177

ペープサート38 【絵本の時間】
絵本くんの冒険 ……… 118
型紙 ……… 178

ペープサート39 【お昼寝】
おふとんさんが待ってるよ ……… 121
型紙 ……… 180

ペープサート40 【おやつ】
おやつなぞなぞ ……… 124
型紙 ……… 181

ペープサートとは？

「うちわ型の紙人形劇」のことをいいます。２枚の絵の間に棒をはさんで貼り合わせ、まわりをうちわ型に切り抜いて、絵人形を作ります。おはなしの展開に合わせて絵人形を動かして、動作や心情を表現します。永柴孝堂氏によって「ペープサート」と名付けられました。現在ではさまざまな形やしかけの絵人形が作られ、幼児教育の現場で広く親しまれています。

※この本では、ペープサートの絵人形を『絵人形』と表記します。

特長1

人気イラストレーター カモさんが描いた かわいい絵人形！

本書に登場する絵人形はすべて、人気イラストレーター、カモさんによる描き下ろしです。もちろんコピーができる型紙つき。

特長2

バリエーション豊かな おはなしの展開！

貼ってはがせるのりを使って、絵人形を変身させたり、絵人形自体を自立させて演じたり、子どもたちの想像力を刺激するおはなし展開になっています。また、しりとりやクイズ形式で、子どもと一緒にあそびを楽しめる作品も多数あります。

大変身

しりとりあそび

あてっこクイズ

特長3

一年を通して楽しめる 40作品をたっぷり収録！

あつまりや、すき間時間に楽しむことのできる短い作品。季節や園行事をテーマにした作品。食育や歯みがきといった、生活習慣を考えるきっかけになる作品など、一年を通して楽しめる作品をたっぷり掲載しています。

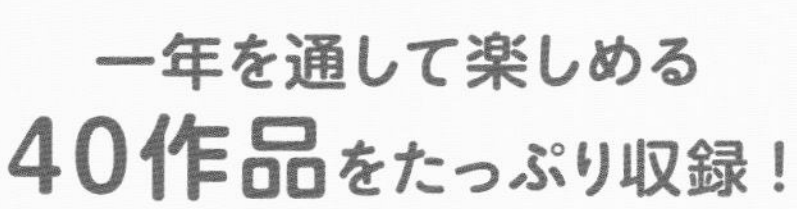

本書の見方

演じ方ページ

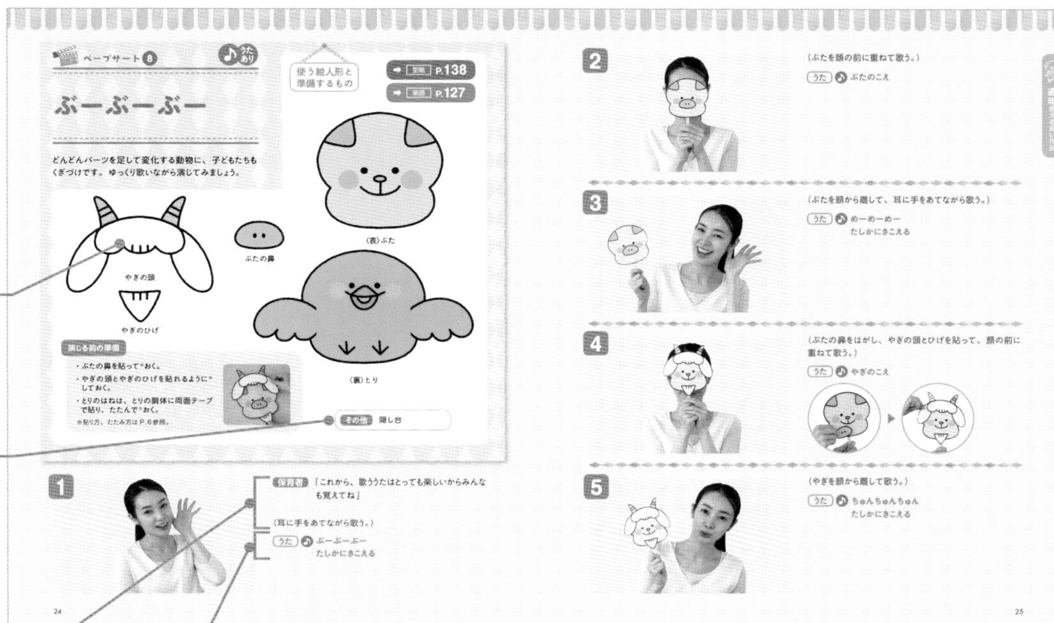

使う絵人形

作品で使う絵人形を紹介しています。

その他

絵人形のほかに準備するものです。

演じ方とセリフ

演じるときのセリフや動きの参考にしてください。

うた

うたと一緒に演じる作品は、演じ方と合わせて歌詞を掲載しています。（すべての歌詞はP.127～の楽譜にあります）

楽譜ページ

演じ方の中にうたがある場合、巻末に楽譜を掲載しています。

型紙ページ

作品で使う絵人形の型紙を収録しています。

基本の絵人形の作り方

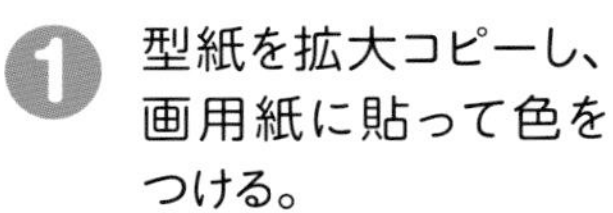

❶ 型紙を拡大コピーし、画用紙に貼って色をつける。

❷ ❶が乾いたら余白を切り取る。

❸ 持ち手部分を8～10㎝程※1残して、棒※2を裏からテープで貼る。両面に絵柄がある場合は、両面テープで棒をとめ、スティックのりで紙を貼り合わせる。

※1 絵人形や演じ方に合わせて、持ち手の長さは調整してください。
※2 本書では持ち手の棒を、厚さ2㎜のひのき棒で製作しています。ほかに、割りばしや竹串などでも作ることができます。

【貼るとき】

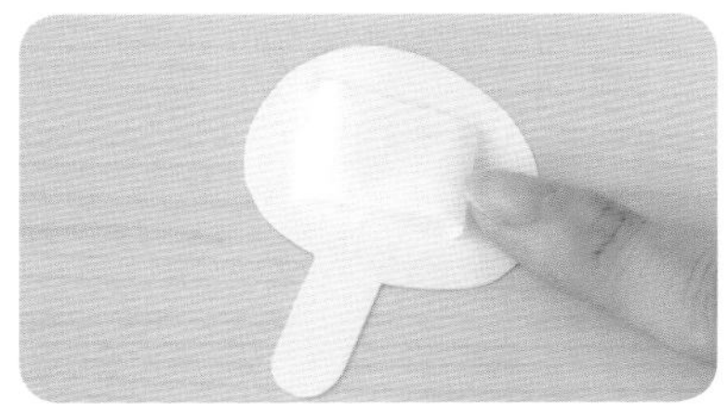

絵人形をつけたりはがしたりするしかけのときは、丸めたマスキングテープや、貼ってはがせるのりを使用します。基本、あとから貼る方の絵人形に加工しておくとよいでしょう。

【たたむとき】

たたんでおいて、あとからひろげるしかけの絵人形は、透明クリップでとめたり、丸めたマスキングテープを貼ったりして、演じている最中にひろがらないようにしておきます。

絵人形以外に準備するもの

スタンド

絵人形を立てるときに使用します。本書では歯ブラシスタンド※の中に油粘土をつめて使用しています。

※歯ブラシスタンドは100円ショップなどで購入できます。

川

紙パックとすずらんテープを組み合わせて作ります。

P.46「スイカの夏休み」（川2段バージョン）・
P.64「ばけっこ運動会」（川1段バージョン）で使用します。

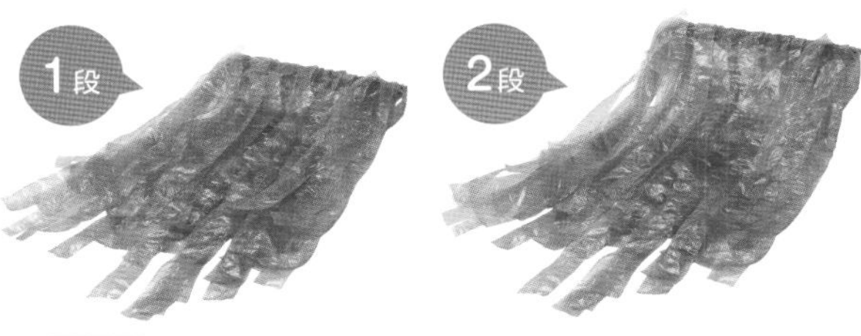

作り方

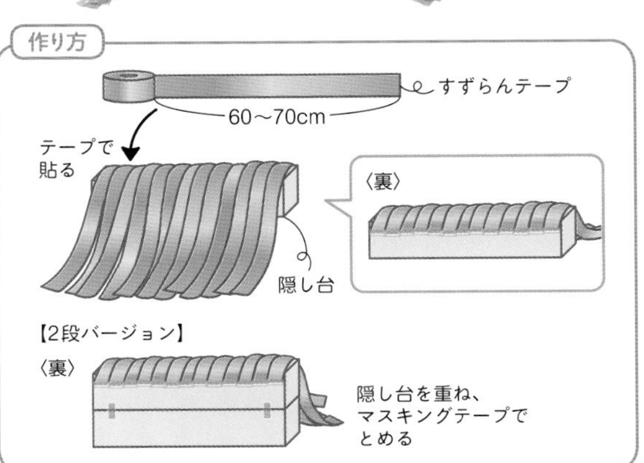

隠し台

絵人形を隠し台に隠しておき、おはなしの途中にここから登場させたり、退場後はここへ置いたりします。子どもたちが保育者の持っている絵人形に集中しやすくなります。

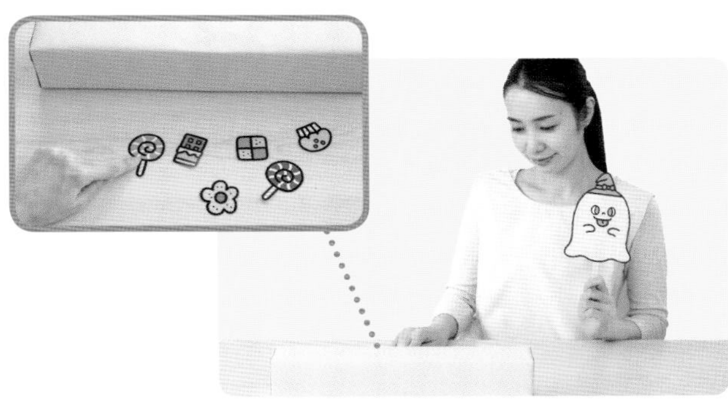

作り方

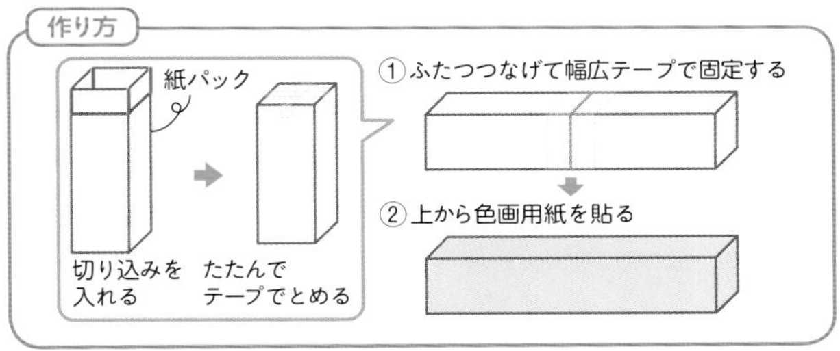

ひな壇

紙パックを組み合わせ、色画用紙を貼って作ります。

P.92「おひなさまのしりとりあそび」で使用します。

作り方

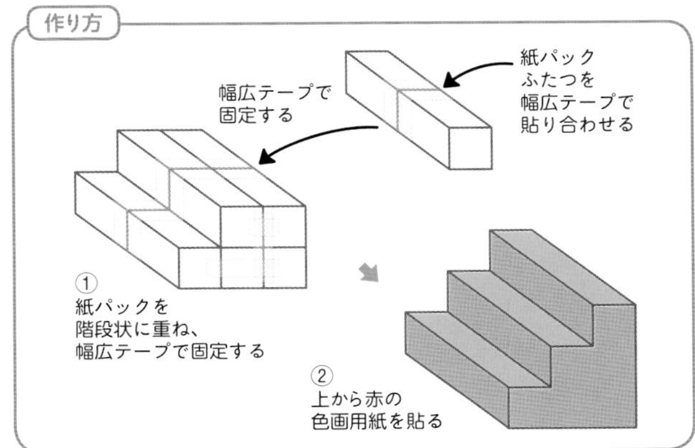

演じ方のコツ

ポイント
1 絵人形は正面に向ける

絵人形は前や後ろや横に傾けず、子どもの正面を向くように意識しましょう。また、舞台の高さは、子どもたちの目線の高さを考えて、見やすい位置に設定します。

ポイント
2 注目してほしい方を動かす

絵人形が何体か登場するときは、注目してほしい方を動かしたり、少し上に上げたりします。セリフを言っている絵人形がわかると、子どもたちも混乱せずに見ることができます。

ポイント
3 傾けたりゆらしたりして、進むようすを表現

歩いたり走ったりする場面では、手首を使って絵人形を左右に傾けたりゆらしたりしながら、前に進ませてみましょう。

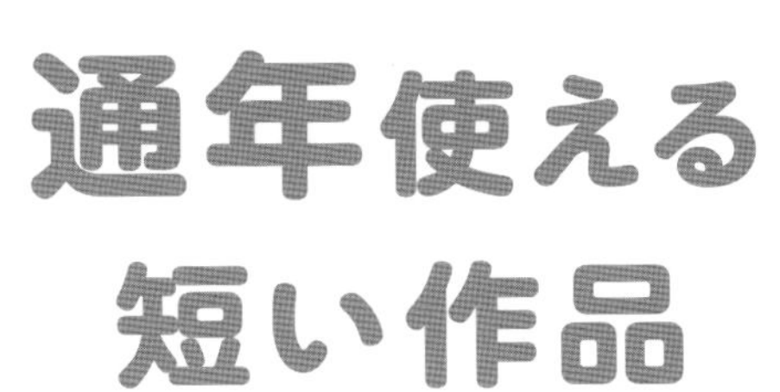

通年使える短い作品

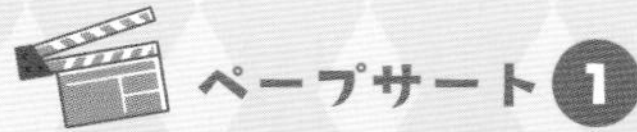

こぶたぬきつねこ

子どもが大好きなうたと一緒に、しりとりあそびも楽しめる作品です。かわいい動物がたくさん登場します！

絵人形を用意しておく。

使う絵人形と準備するもの

型紙 P.130
楽譜 P.127

山折り
谷折り

〈表〉こぶた　〈裏〉たぬき

きつね　らっこ　こあら　ねこ

その他
隠し台

1

(こぶたを出す。)

保育者「みんな、しりとりできるかな？　これはこぶた。こぶたのおしまいの言葉、『た』から始まる動物はなあんだ？」

(子どもたちの答えを待つ。)

2

（こぶたを裏返して、たぬきを出す。）

保育者「そう、たぬき！　それでは、たぬきのおしまいの言葉、『き』から始まる動物は？」

（子どもたちの答えを待つ。）

3

（きつねを出す。）

保育者「はい、あたり。きつねでした！　それでは、きつねのおしまいの言葉、『ね』から始まる動物は？」

（子どもたちの答えを待つ。）

（きつねを裏返して、ねこを出す。）

保育者「そのとおり！　ねこ。それでは、ねこのおしまいの言葉、『こ』から始まる動物は？　あら、もとに戻ってこぶた、だね。こぶた➡たぬき➡きつね➡ねこ➡こぶた➡たぬき➡きつね➡ねこ！」

4

（絵人形を持って、うたを歌う。）

保育者「じゃあ『コブタヌキツネコ』を一緒に歌おう」

うた ♪ こぶた　たぬき　きつね　ねこ
ブブブー　ポンポコポン　コンコン　ニャーオ

保育者「それでは、ねこの最後の言葉『こ』から始まる『こぶた』じゃない、ほかの動物わかるかな？　ヒントは木登り上手で、鼻がかわいい動物だよ」

（子どもたちの答えを待つ。）

5

（ねこの絵人形をひらいて、こあらとらっこを出す。）

保育者「ジャーン！　こあら、その次は……らっこ！　こあら、らっこ、こあら、らっこ……2匹でしりとり、続いちゃうね。それから、こぶた➡たぬき➡きつね➡ねこ➡こあら➡らっこ➡こぶた➡……。こっちも続くね。しりとりって楽しいね」

さんかくの おいしいものなあに？

白いさんかくに赤いさんかく。 さんかくのおいしいものが大集合！　みんなはどのさんかくがいちばん好きかな？

使う絵人形と準備するもの

➡ 型紙 P.131

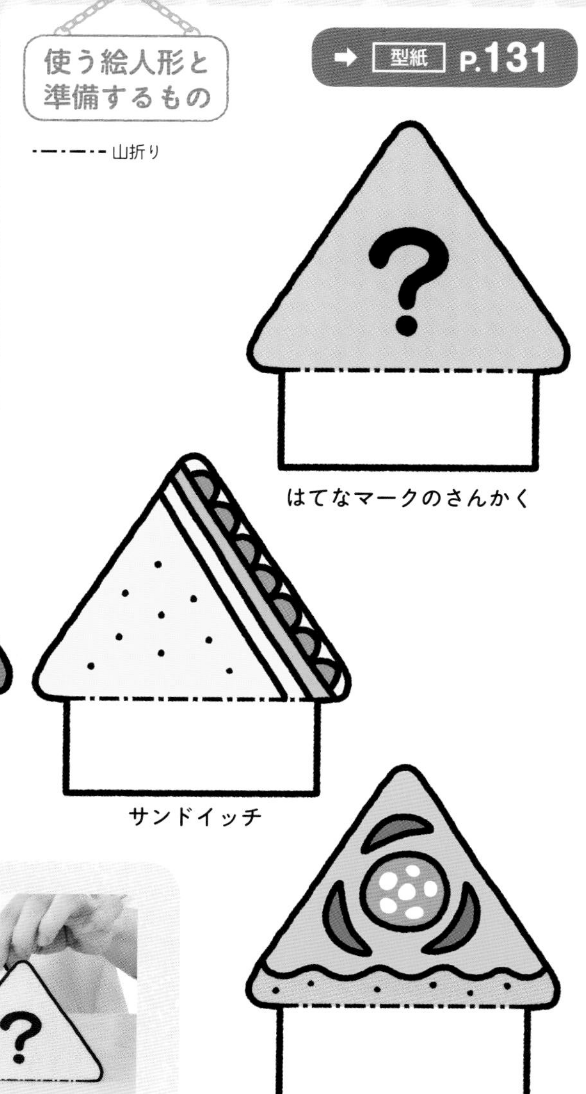

はてなマークのさんかく

おにぎり

いちご

サンドイッチ

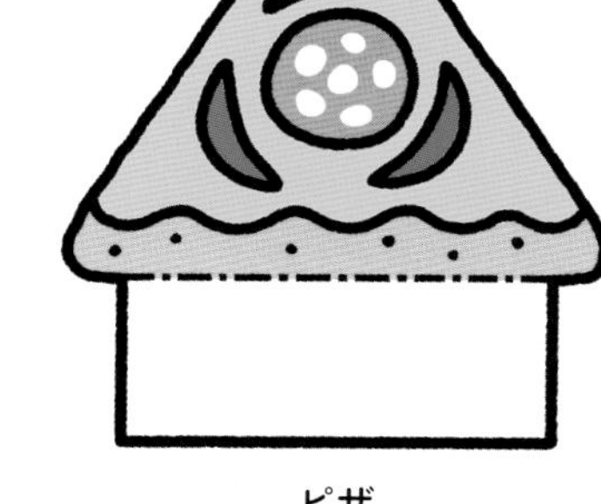

ピザ

はてなマークのさんかく▶おにぎり▶いちご▶サンドイッチ▶ピザの順で重ねておく。

1

保育者「みんな、この形はなあに？　そう、あたり。『さんかく』だね。じゃあ、さんかくの形でおいしいものをあてっこしようね。じゃあまず、白いさんかく。お弁当にもよくはいっているもの、なあに？」

（子どもの答えを待つ。）

通年使える短い作品

2

(はてなマークのさんかくをずらし、おにぎりを出す。)

保育者 「正解！　おにぎりでした。次は赤いさんかく。つぶつぶがあって、ケーキの上にのっているもの、なあに？」

(子どもの答えを待つ。)

3

(おにぎりをずらし、いちごを出す。)

保育者 「あたり！　いちごでした。じゃあ、今度はクリーム色のさんかく。ハムや卵がはさまっているもの、なあに？」

(子どもの答えを待つ。)

4

(いちごをずらし、サンドイッチを出す。)

保育者 「そのとおり！　サンドイッチでした。もうひとつ、黄色いさんかく。アツアツで、上にチーズがとろーりかかっているもの、なあに？」

(子どもの答えを待つ。)

5

(サンドイッチをずらし、ピザを出す。)

保育者 「大あたり！　ピザでした。さあ、さんかくのおいしいものがいっぱい。あてっこはおしまいにして、いただきまーす！」

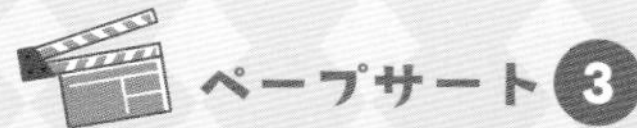

カレーライスに かくれんぼ

カレーライスになにが隠れているのかな？　子どもたちに問いかけ、やりとりを楽しみましょう。

使う絵人形と準備するもの

→ 型紙 P.132

演じる前の準備

イス・カイ・カラスの上から、「カレーライス①②③」を重ねて貼り※スタンドに立てておく。

※貼り方はP.6参照。

- - - - - 切る

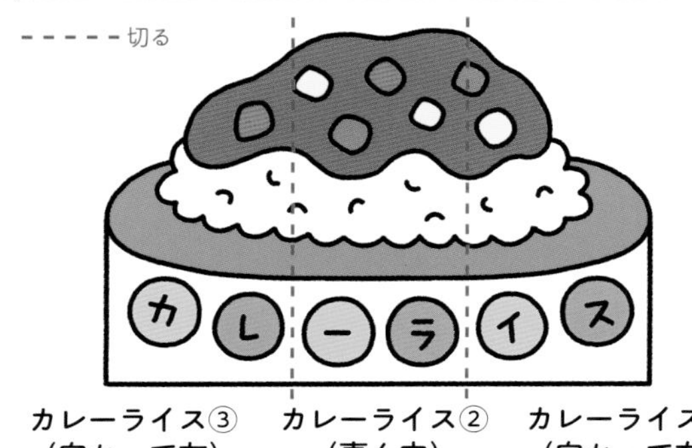

カレーライス③（向かって左）　カレーライス②（真ん中）　カレーライス①（向かって右）

カラス・カイ・イス

その他

- スプーン（本物）
- スタンド2個
- 隠し台

1

（スプーンを持って、おはなしを始める。）

保育者「わあ、おいしそうなカレーライスだね。みんな、カレーライスの中にはいろいろなものがかくれんぼしているの、知っていた？　一緒に探してみようね」

2

保育者「まずは、はじっこにかくれんぼしている、座るもの、なんだかわかる？」

（子どもの答えを待ちながら、食べるしぐさをする。）

保育者「モグモグ、食べたら答えが出てくるよ」

3

（カレーライス①をはがし、文字の『イ』『ス』を指差す。）

保育者 「あっ、イスだ！　ほら、ここに『イ』『ス』が、かくれんぼ」

4

保育者 「次は、海や川にいて、外側は硬い殻でおおわれて、カレーライスにかくれんぼしているものは、なんだろう？」

（子どもの答えを待ちながら、食べるしぐさをして、カレーライス②をはがす。）

保育者 「それでは食べてみよう。ムシャムシャ……あたり！　カイだったね。カレーライスの中に、『カ』『イ』がかくれんぼ」

（文字の『カ』『イ』を指差す。）

5

保育者 「まだ、カレーライスにかくれんぼしているものがあるよ。ヒントは黒い鳥。なんだと思う？」

（子どもの答えを待ちながら、食べるしぐさをして、カレーライス③をはがす。）

保育者 「パクパク、そのとおり、カラスだったね。カレーライスの中に『カ』『ラ』『ス』がかくれんぼ」

（文字の『カ』『ラ』『ス』を指差す。）

6

保育者 「ああ、おなかいっぱい、ごちそうさま。カレーライスもかくれんぼも、これでおしまい！」

グー、チョキ、パーあそび

ジャンケンはもちろん、『グー』『チョキ』『パー』の言葉あそびも楽しめるペープサートです！

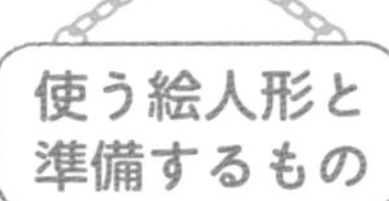

➡ 型紙 P.133

〈表〉グー

〈裏〉グー

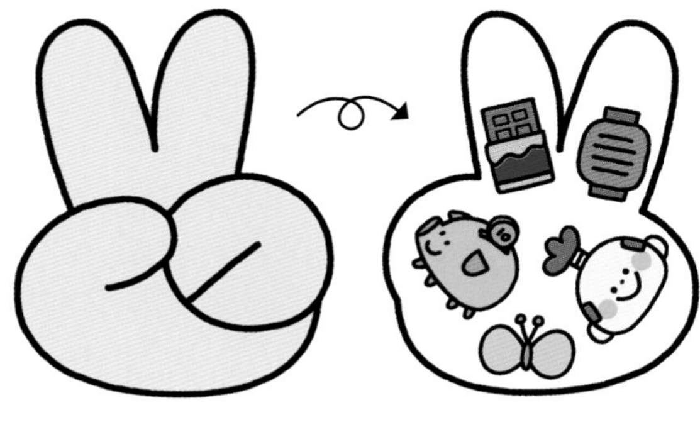

〈表〉チョキ　〈裏〉チョキ

〈表〉パー　〈裏〉パー

演じる前の準備

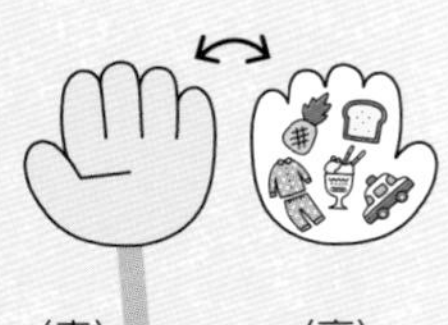

〈表〉　〈裏〉　〈表〉　〈裏〉　〈表〉　〈裏〉

絵人形を用意しておく。

その他　隠し台

1

（グー、チョキ、パーを持つ。）

保育者　「さあ、これから、この『グー』『チョキ』『パー』でいろいろなあそびをしようね。まずは普通のジャンケンから」

2

（グーを出す。）

保育者 「みんな用意はいい？　最初は、グー、ジャンケン、ポン！」

3

（「ポン」で、どれかひとつ絵人形を出す。）

【チョキの場合】

保育者 「はい、チョキだからグーを出した人の勝ち！勝った人は、一番最初にチョキの『チョ』がつく言葉を、順番に言ってみて」

4

保育者 「ヒントはこれ！」

（チョキを裏返して絵を見せ、子どもに答えてもらう。）

【チョキ】　チョコレート、ちょうちん、貯金箱、ちょうちょう、ちょんまげ、など。

【グー】　軍手、グラタン、グミ、グレープフルーツ、グローブ、など。

【パー】　パイナップル、パン、パジャマ、パフェ、パトカー、など。

5

保育者 「グー、チョキ、パーの中にいろいろなものがあったね。ほかにも見つけた言葉があったら教えてね」

たまご大変身！

たまごの中にはなにが入っているのかな？　子どもたちの予想をうらぎる、びっくりの変身が興味を引く作品です。

使う絵人形と準備するもの

➡ 型紙 P.134

たまごのから

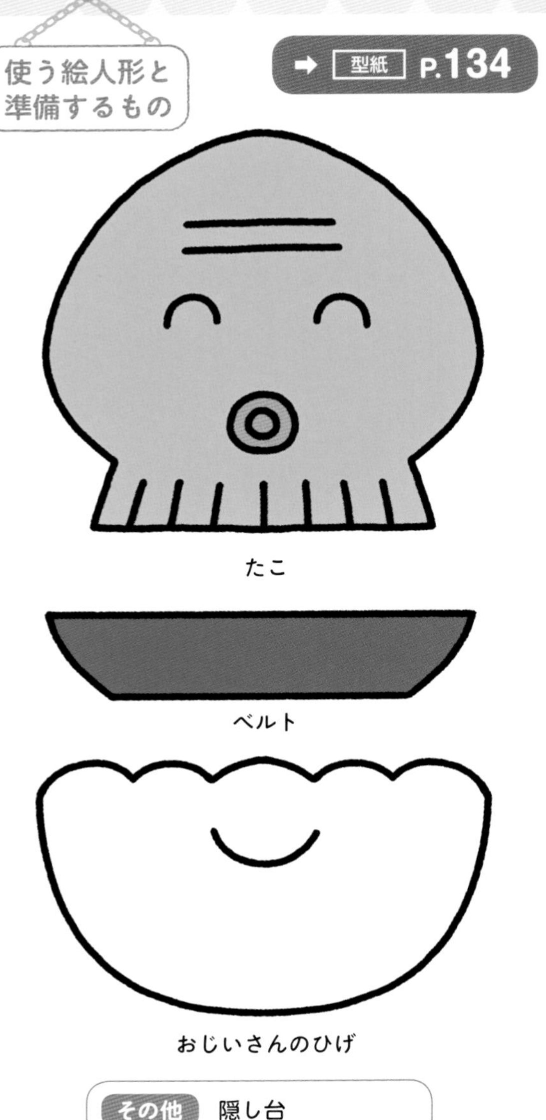
たこ

ベルト

おじいさんのひげ

その他　隠し台

演じる前の準備

たこ▶ベルト▶たまごのから▶おじいさんのひげの順に貼って※おく。

※貼り方は P.6 参照。

保育者「これ、なにに見えるかな？　そう、たまご」

（耳を近づける。）

保育者「あれれ、パリパリ、メリメリって音がするよ」

2

（たまごのからをゆっくりはがす。）

保育者 「あっ、割れる、割れる。わあ、たまごの中に入っているのは、なにかな、なにかな？」

3

（たまごのからをすべてはがして見せる。）

保育者 「あら、中身はひよこじゃなかったね。これはなにに見えるかな？」

（子どもの答えを待つ。）

保育者 「うん、おじいさんみたいだね。じゃあ、おじいさんのひげをとったら……」

（おじいさんのひげをはがす。）

4

（絵人形を頭に重ね、帽子のようにかぶるしぐさをする。）

保育者 「おじいさんのひげをとったら、帽子になっちゃった。じゃあ、帽子のベルトをとったら……」

（ベルトをはがす。）

5

（びっくりした表情で）

保育者 「ひゃあ、帽子のベルトをとったら、たこになっちゃった！　たまごがいろいろなものに変わっておもしろかったね。これでたまごの大変身、おしまい！」

ぞうくんと不思議なハナ

ぞうくんの不思議な『鼻』が『花』を助けるおはなしです。
ぞうくんの鼻はどうなるのかな！？

使う絵人形と準備するもの

➡ 型紙・作り方 P.135
➡ 楽譜 P.127

-・-・- 山折り
- - - - 谷折り

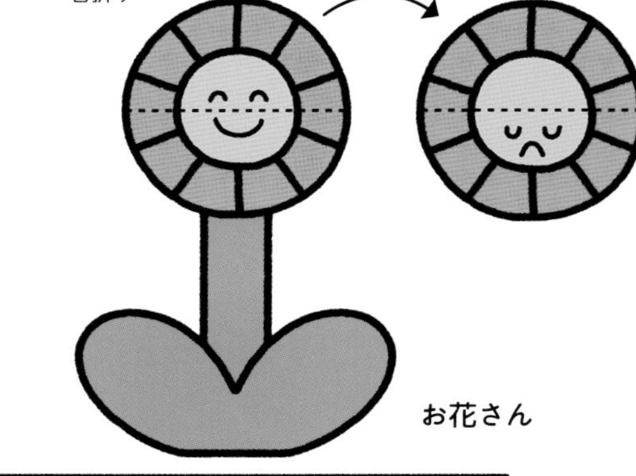

お花さん

ぞうくん

水

演じる前の準備

ぞうくんの鼻とお花さんをたたんだ状態※で、スタンドに立てておく。

※たたみ方はP.6参照。

その他
- スタンド3個
- 隠し台

1

保育者 「あらあら、ぞうくん。お花さんがしおれているわ。きっとお水がほしいんだよ」

ぞうくん 「ぼくに任せて！」

2

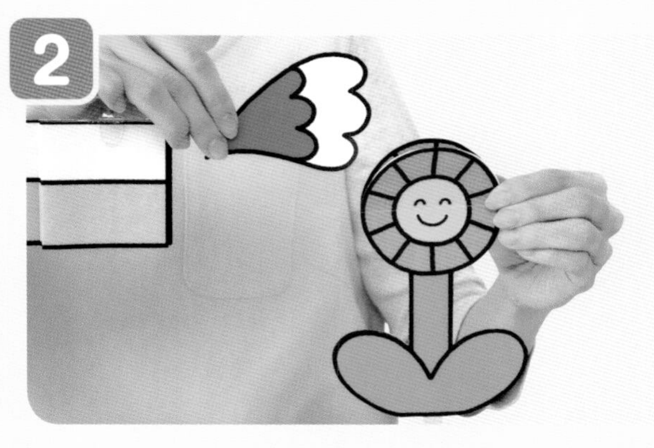

（ぞうくんの鼻から水を出し、お花さんにかけるしぐさをする。）

ぞうくん 「お花さん、この鼻で、川まで水を汲みに行ってきたよ。さあ、元気になって。ジャージャー」

（お花さんをひらく。）

お花さん 「ありがとう、ぞうくん。おかげでいい香りのする花を咲かせることができたわ」

ぞうくん 「クンクン、ほんとだ、いい香り」

3

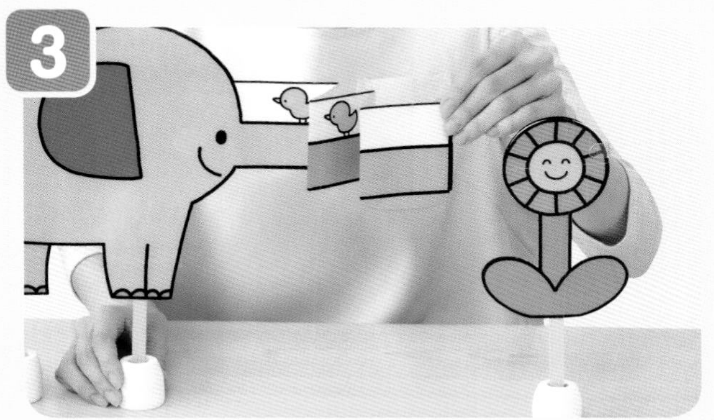

（ぞうくんの鼻を少しずつひろげる。）

ぞうくん 「あれあれ、鼻がむずむずするぞ」

お花さん 「あら、友だちのことりさんがやってきたわ」

4

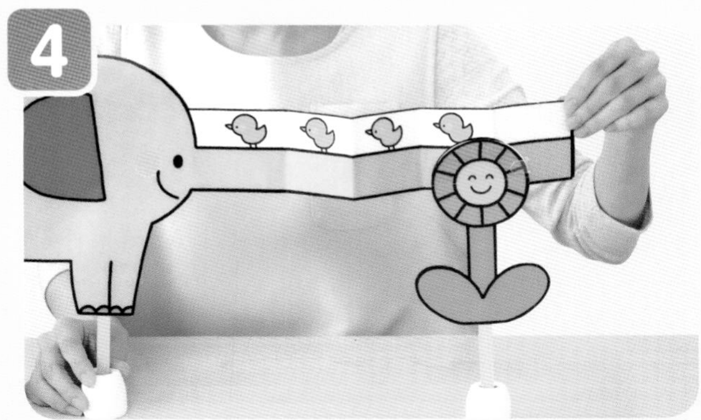

（ぞうくんの鼻をすべてひろげる。）

ぞうくん 「うわあ、こんなに鼻が長くなっちゃった！」

お花さん 「大丈夫、あとで戻るから。友だちのことりさんにとまってもらうために長くなっているのよ」

5

ことりさん 「ピピピ、ぞうくん、その鼻でお花さんを助けてくれてありがとう。お礼にみんなで歌うわね」

（『小鳥のうた』を歌う。）

うた ♪ ことりはとってもうたがすき……

ぞうくん 「きれいな鳴き声だね。どうもありがとう」

保育者 「じゃあ、今度はみんなで歌いましょう」

（子どもたちと一緒に『小鳥のうた』を歌う。）

世界中のこどもたちが

すてきなうたを子どもたちと一緒に歌いながら、ペープサートで楽しむことのできる作品です。

使う絵人形と準備するもの

➡ 型紙 P.137
➡ 楽譜 P.128

-・-・-・- 山折り
- - - - - - 谷折り

演じる前の準備　絵人形の表と裏を貼り合わせ、たたんでおく。

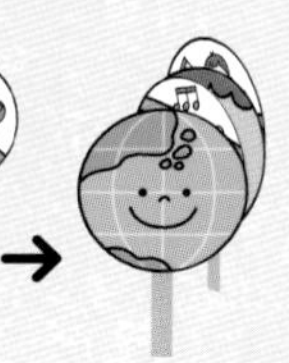

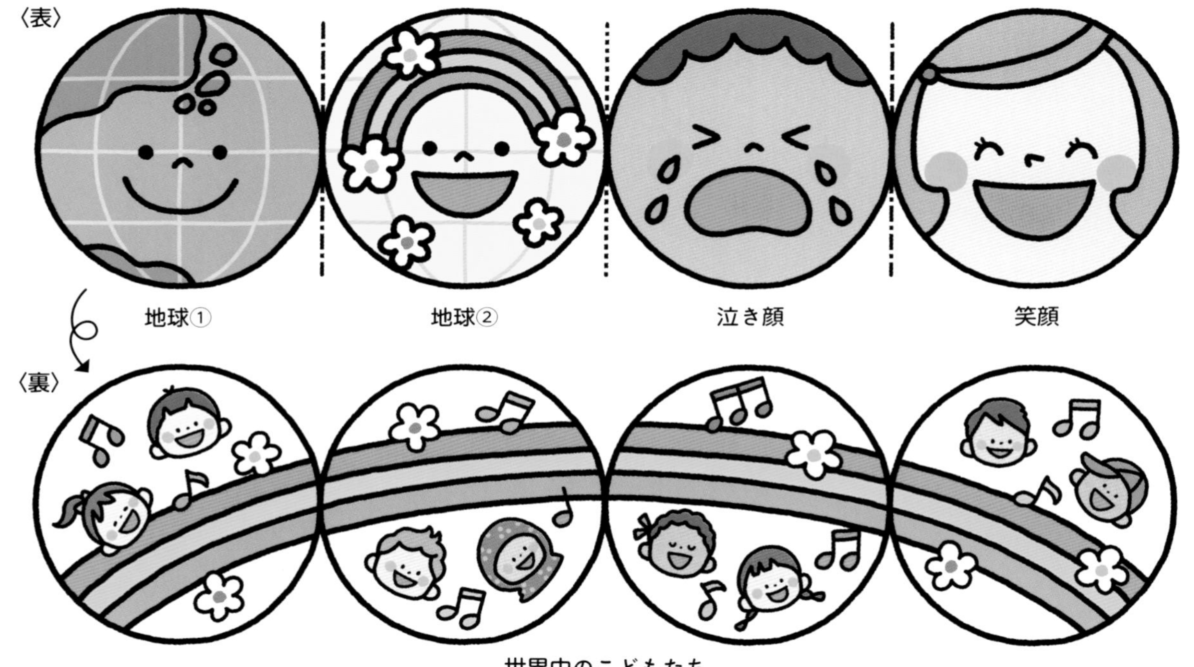

1

（地球①を出す。）

保育者「これは、地球だよ。世界中のみんなが住んでいる星だね。これからみんなで『世界中のこどもたちが』のうたを歌おう」

（ペープサートをゆらしながら歌う。）

うた ♪ せかいじゅうのこどもたちが

2

（地球①を裏返して、笑顔を出す。）

うた ♪ いちどにわらったら
そらもわらうだろう
ラララ　うみもわらうだろう

3

（笑顔をひらいて折りたたみ、泣き顔を出す。）

うた ♪ せかいじゅうのこどもたちが
いちどにないたら
そらもなくだろう
ラララ　うみもなくだろう

4

（泣き顔を裏返して、地球②を出す。）

うた ♪ ひろげよう　ぼくらのゆめを
とどけよう　ぼくらのこえを
さかせよう　ぼくらのはなを
せかいに　にじをかけよう

5

（地球①に戻す。）

うた ♪ せかいじゅうのこどもたちが

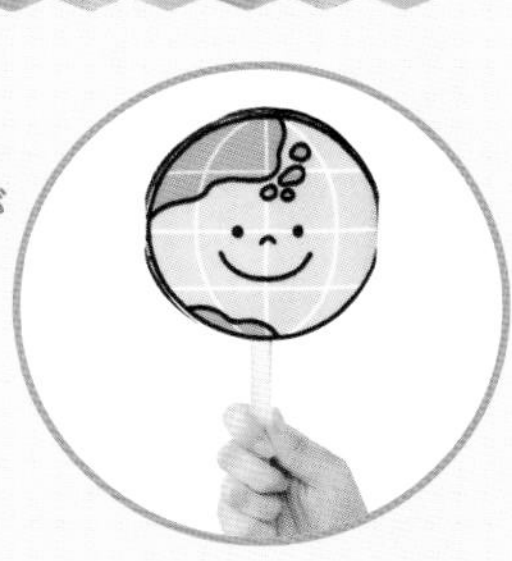

（裏返してひろげる。）

うた ♪ いちどにうたったら
そらもうたうだろう
ラララ　うみもうたうだろう

（繰り返し歌って楽しむ。）

使う絵人形と準備するもの

型紙 P.138
楽譜 P.127

ぶーぶーぶー

どんどんパーツを足して変化する動物に、子どもたちもくぎづけです。ゆっくり歌いながら演じてみましょう。

やぎの頭

やぎのひげ

ぶたの鼻

〈表〉ぶた

〈裏〉とり

- ぶたの鼻を貼って※おく。
- やぎの頭とやぎのひげを貼れるように※しておく。
- とりのはねは、とりの胴体に両面テープで貼り、たたんで※おく。

※貼り方、たたみ方はP.6参照。

その他 隠し台

1

保育者「これから、歌ううたはとっても楽しいからみんなも覚えてね」

（耳に手をあてながら歌う。）

うた ♪ ぶーぶーぶー
たしかにきこえる

2

（ぶたを顔の前に重ねて歌う。）

うた ♪ ぶたのこえ

3

（ぶたを顔から離して、耳に手をあてながら歌う。）

うた ♪ めーめーめー
たしかにきこえる

4

（ぶたの鼻をはがし、やぎの頭とひげを貼って、顔の前に重ねて歌う。）

うた ♪ やぎのこえ

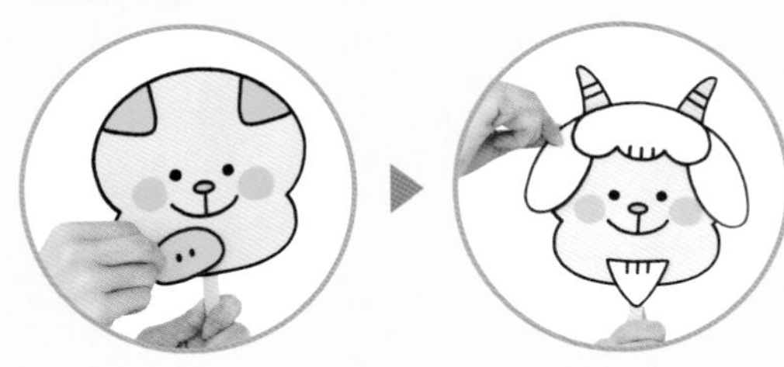

5

（やぎを顔から離して歌う。）

うた ♪ ちゅんちゅんちゅん
たしかにきこえる

6

（やぎの頭とひげをはがしたあと、裏返してとりのはねをひろげ、顔の前に重ねて歌う。）

うた ♪ とりのこえ

7

保育者 「いろいろな動物に変わったね。みんなはなんの動物かわかったかな」

お役立ちコラム①

こんなときに演じてみよう！

ペープサートは、朝のあつまりや帰りのあつまり、活動の導入に最適です。

おはなしに合わせて自由に動き、楽しいしかけいっぱいのペープサートは、子どもの注目を集め、興味を引きます。演じ終わったあと、子どもたちの気持ちがひとつになるので、保育者は次の活動を伝えやすくなります。

また、季節・行事に関連した作品を演じて、子どもたちの想像力を刺激したりひろげたりすることもできます。行事の由来を話したり、関連した製作あそびにつなげるなど、活動を展開することもできます。

季節・行事がテーマの作品

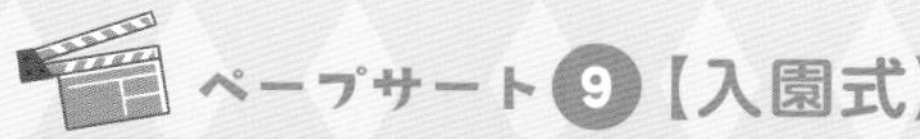

今日はワクワク入園式

入園式でドキドキしているお友だちに「園は楽しいところだよ！」ということを伝えられる作品です。

演じる前の準備

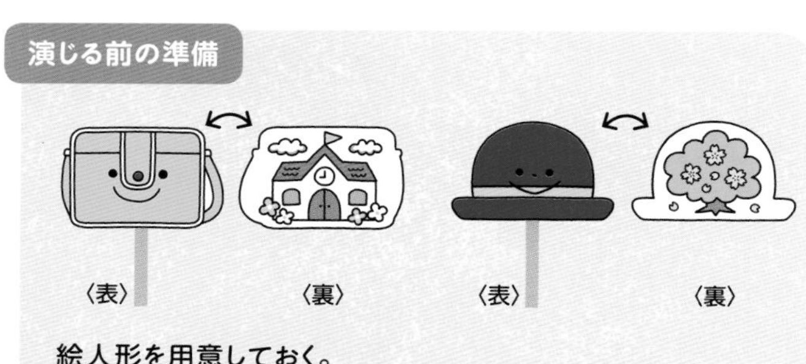

絵人形を用意しておく。

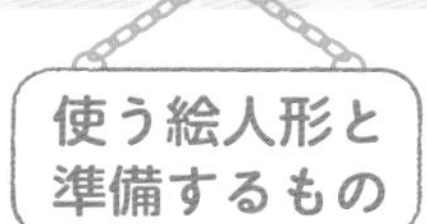

型紙 P.139

〈表〉ぼうしちゃん

〈裏〉桜

〈表〉かばんくん

〈裏〉園

その他
隠し台

1

（ぼうしちゃんを出す。）

保育者「やあ、ぼうしちゃん、おはよう」

ぼうしちゃん「おはよう。今日は朝からワクワクしているの」

保育者「えっ、どうして？」

ぼうしちゃん「それは、かばんくんに聞いてみて」

2

(かばんくんを出す。)

保育者「かばんくん、おはよう。かばんくんもワクワクしているの？」

かばんくん「おはよう！　うん、そうなんだ。とってもワクワクしているよ」

保育者「なんでワクワクしているか、教えてよ」

3

(ぼうしちゃんとかばんくんを近づける。)

ぼうしちゃん「それはね……これからとっても楽しみにしていることがあるんだもん。一緒にきたらわかるよ」

4

(ぼうしちゃんとかばんくんを動かして、歩くしぐさをする。)

ぼうしちゃん **かばんくん**「それでは、行ってきまーす！」

保育者「どこへ行くのかな？」

5

(ぼうしちゃんを左右にゆらす。)

ぼうしちゃん「ほら、見えてきた、見えてきた」

保育者「なにが見えるの？」

6

（ぼうしちゃんを裏返して、桜を見せる。）

保育者「わあ、桜が咲いている！　とってもきれいだな」

7

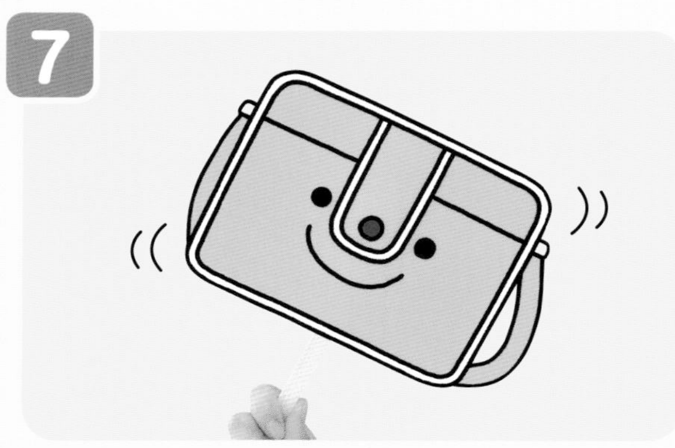

（かばんくんを左右にゆらす。）

かばんくん「こっちも見えてきた、見えてきた」

保育者「今度はなにが見えるの？」

8

（かばんくんを裏返して、園を見せる。）

保育者「あっ、園だ。そうか、ワクワクしていたのは……」

9

保育者「今日は入園式だから、ぼうしちゃんもかばんくんもワクワクしていたんだね。園にはお友だちもたくさんいるし、いっぱい遊べるからね。
みんなもぼうしちゃんやかばんくんのように、毎日ワクワクしながら園にきてくれるとうれしいな！」

ペープサート⑩【こどもの日】

かぶととこいのぼり

かぶとやこいのぼりが登場する、こどもの日にぴったりな作品です。かぶとくんの“空を泳ぎたい夢”は叶うかな？

使う絵人形と準備するもの

➡ 型紙 P.140

とりさん

〈表〉こいのぼりさん

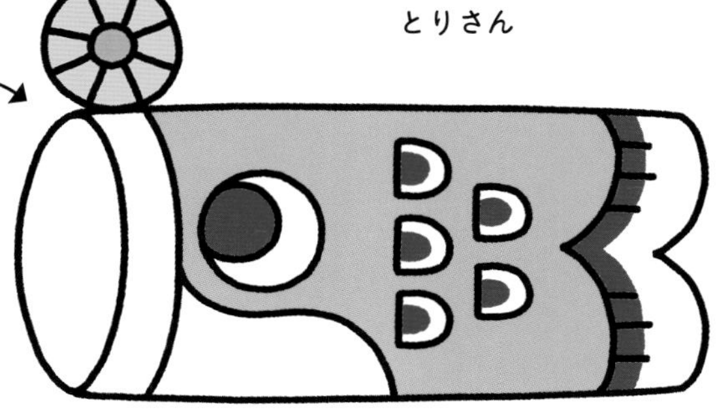

〈裏〉こいのぼりさん

演じる前の準備

かぶとくんを貼れるように※しておく。

※貼り方はP.6参照。

かぶとくんは、折り紙や新聞紙で折ったものを使用しても。

かぶとくん

その他

隠し台

1

（かぶとくんを出しておく。）

保育者「あれっ、今日はこどもの日なのに、かぶとくん、つまらなそうな顔をしているね。どうしたのかな？」

2

かぶとくん 「あのね。ぼく、部屋の中に飾られたり、頭にかぶってもらったりするけど、本当はこいのぼりさんと一緒に、空を泳ぎたいって夢があるんだ」

3

保育者 「そうかあ。かぶとくんの夢を叶えてあげたいな。どうしたら空を飛べるのかなあ？　うーん」

4

（とりさんを出す。）

とりさん 「ピピピ、私たちがお手伝いしてあげる」

保育者 「えっ、とりさんたち、かぶとくんの夢を叶えてくれるの!?」

5

（とりさんとかぶとくんを一緒に持つ。）

とりさん 「ピピピ、かぶとくん、じっとしていてね」

かぶとくん 「わあ、ちょっとくすぐったいよ～」

6

（こいのぼりさんを出す。）

とりさん 「ピピピ、おーい、こいのぼりさーん、お願いがあるの」

こいのぼりさん 「えっ、なんだーい？」

7

（こいのぼりさんに、とりさんを近づける。）

とりさん 「ピピピ、あのね、かぶとくんがね……」

かぶとくん 「そう、ぼく、こいのぼりさんと一緒に空を泳ぎたいの」

8

（こいのぼりさんの頭に、かぶとくんを貼る。）

こいのぼりさん 「いいよ、一緒に空を泳ごうよ！」

かぶとくん 「わーい、うれしいな！」

9

（こいのぼりさん、とりさんをゆっくりゆらす。）

こいのぼりさん 「ほーら、すいすい、すいすい」

かぶとくん 「空を泳ぐって、とっても気持ちいいなあ！　とりさん、こいのぼりさん、どうもありがとう！」

とりさん 「ピピピ、どういたしまして」

保育者 「よかったね、かぶとくん。みんなもこどもの日を楽しく過ごしてね」

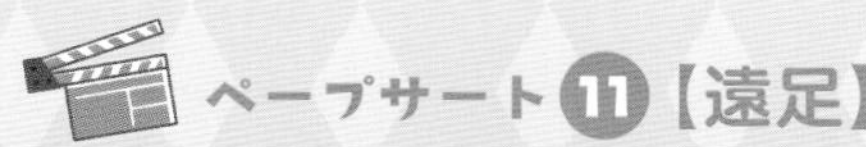

リッちゃんとサッくん

みんな楽しみな遠足！　忘れものはないかな？　子どもたちとなにを持っていくか、確認をしましょう。

使う絵人形と準備するもの

型紙 P.141

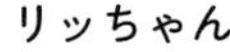
リッちゃん

リッちゃんのタオル
リッちゃんの水筒
サッくんのタオル
サッくんの水筒

サッくん

演じる前の準備

タオルと水筒を貼れるように※しておく。

※貼り方はP.6参照。

おべんとう

その他

・スタンド3個
・隠し台

1

（リッちゃんとサッくんを出す。）

保育者「こちら、リュックサックのリッちゃんとサッくん」

リッちゃん「これから、遠足に出かけるところなの。楽しみだなあ」

サッくん「みんな、よろしくね」

2

（リッちゃんとサッくんを持ち上げて、ゆらす。）

リッちゃん サッくん「行ってきまーす！　トットコトコトコ」

3

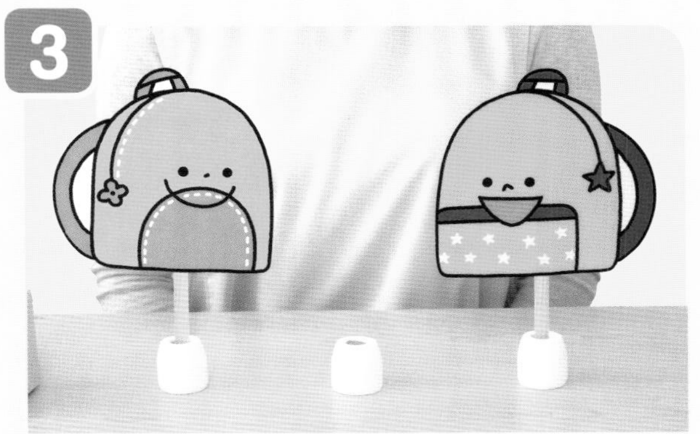

（リッちゃんとサッくんを、スタンドに立てる。）

リッちゃん サッくん「着きましたー！」

リッちゃん「わあ、広い野原」

サッくん「アスレチック広場で遊びたいね」

4

リッちゃん「ねえ、サッくん、忘れものない？」

サッくん「リッちゃんたら、ぼくが忘れんぼうだからって、心配しているの？　でも大丈夫だよ。ほら、タオルでしょ」

リッちゃん「私もタオル、持ってきたよ」

（タオルを出して、リッちゃん、サッくんに貼る。）

5

サッくん「水筒もちゃんとあるよ」

リッちゃん「私だって持ってきたよ」

（水筒を出して、それぞれに貼る。）

6

リッちゃん「あとは遠足でと一っても楽しみなものも、もちろん持ってきたよね」

サッくん「もちろんだよ。あのおいしいものね……」

（サッくんのリュックの中に手を入れて探すしぐさをする。）

7

サッくん「あれあれ、ないよ～。わあ、ぼく、忘れちゃった！どうしよう！」

8

（リッちゃんの後ろからおべんとうを出して見せる。）

リッちゃん「私はちゃんと持ってきたよ、ほら……」

9

（おべんとうをすべて出して、スタンドに立てる。）

リッちゃん「ジャーン！　サッくん大丈夫だよ。こんなにおっきなおべんとうを持ってきたから、半分こにして食べよう」

サッくん「ああ、よかった！　リッちゃんありがとう！」

保育者「みんなも忘れものに気をつけて、遠足をおもいっきり楽しもうね！」

傘ちゃんとてるてる坊主くんのケンカ

雨の日と晴れの日どっちが好きかな？　梅雨の時期、子どもたちと天気について、話すきっかけにしてみてください。

〈表〉てるてる坊主くん　〈裏〉てるてる坊主くん

演じる前の準備

絵人形を用意しておく。

使う絵人形と準備するもの

型紙 P.142

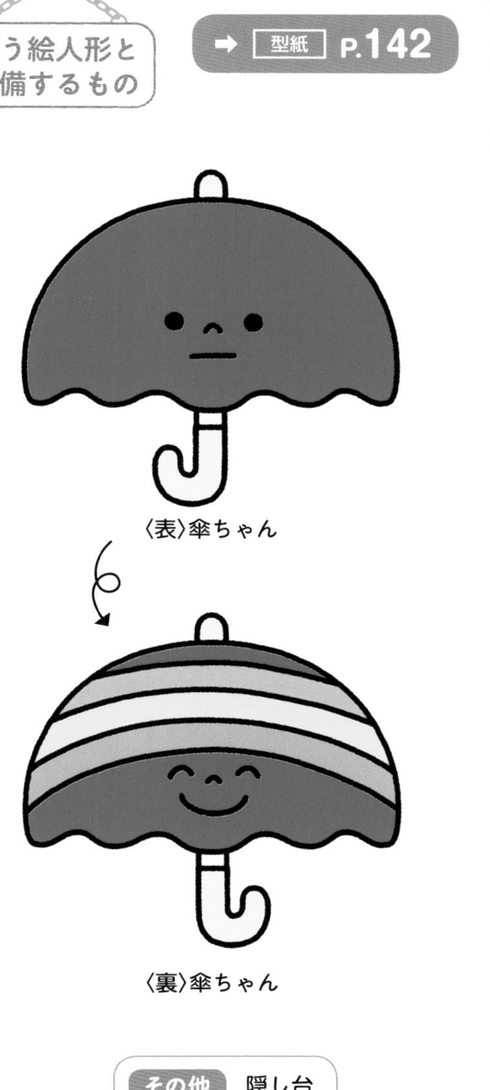

〈表〉傘ちゃん

〈裏〉傘ちゃん

その他　隠し台

1

（傘ちゃんを出す。）

保育者　「梅雨になると、雨の日が多くなるね」

傘ちゃん　「私は傘ちゃん。雨の日はみんなに傘をさしてもらえるから、雨、だーい好き！
だから、嫌いなのはね……」

2

（てるてる坊主くんを出す。）

てるてる坊主くん 「傘ちゃんが嫌いなもの、知っているよ。それはぼく、てるてる坊主でしょ。ぼくのパワーで雨の日を晴れの日にしちゃうからね」

3

（傘ちゃんとてるてる坊主くんをぶつけ合う。）

傘ちゃん 「そう、てるてる坊主くん嫌い！
あっちへ行ってよ～」

てるてる坊主くん 「傘ちゃんこそ、どっかへ行っちゃえ～」

4

（傘ちゃんとてるてる坊主くんをゆらす。）

傘ちゃん 「フンだ！　私はどこにも行かないもん。
雨、雨、降れ、降れ、どんどん降れーっ！」

てるてる坊主くん 「降っちゃ、だめーっ！」

5

（上を見上げる。）

保育者 「あれれ、雨が降ってきたみたい」

傘ちゃん 「わーい！」

6

(てるてる坊主くんを裏返す。)

てるてる坊主くん 「ワーン、雨になっちゃった！　ワーン！」

保育者 「あらあら、てるてる坊主くんがそんなに泣いていたら、雨がやまないんじゃないのかな？」

てるてる坊主くん 「そっかー。そうだね。笑わなくちゃね」

7

(てるてる坊主くんを裏返して、元に戻す。)

保育者 「わあ、てるてる坊主くんが泣くのをやめたら、雨がやんで、空に……」

8

(傘ちゃんを裏返す。)

保育者 「見て、空に虹がかかって、傘ちゃんに虹がうつっている！」

傘ちゃん 「わあ！　とってもすてき！」

9

(傘ちゃんとてるてる坊主くんが、謝るしぐさをする。)

傘ちゃん 「てるてる坊主くん、嫌いって言ってごめんね」

てるてる坊主くん 「ぼくもごめん。傘ちゃんだって、外に出たいものね」

保育者 「そうだね。晴れてばかりじゃ、地面も空気もからからになっちゃうし、ときどき雨も降らないとね。それに虹も見たいよね。傘ちゃんとてるてる坊主くんがなかなおりできてよかった！」

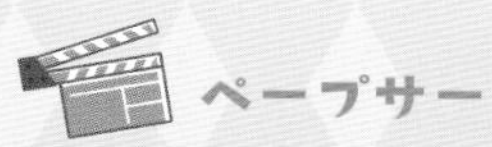

ペープサート⑬【プール】

大きなお友だちと プールあそび

待ちに待ったプール！　あれ？　プールの中からなにか現れたよ。子どもたちのワクワクを引き出す作品です。

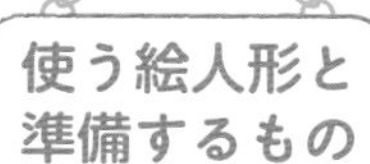

➡ 型紙 P.143

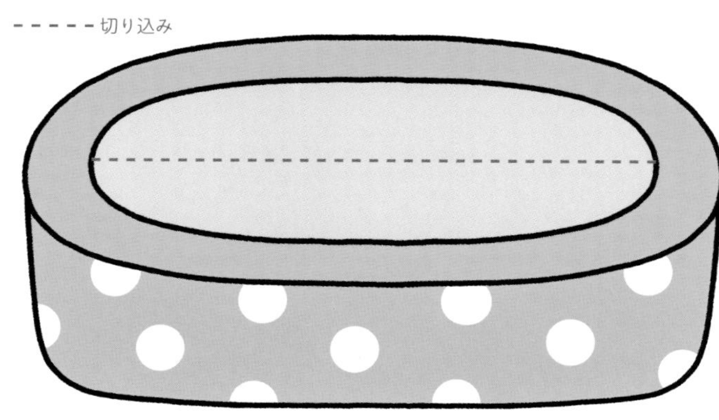

プール

アッくん

潮

クーくん

その他
・スタンド3個
・隠し台

演じる前の準備

プールをスタンドに立てておく。

〈裏〉

〈表〉

1

（アッくんを出す。）

保育者「アッくん、今日は暑いから、プールに入ろうか？」

アッくん「うん、入りたーい！」

2

（アッくんをプールの中に入れる。）

保育者 「ポチャン！　アッくん、どう？」

アッくん 「冷たくて、とっても気持ちいいよー」

3

（切り込みからクーくんの頭を少し出す。）

保育者 「ブクブクブク。あれ、アッくん、プールの中からなにか出てきたよ」

アッくん 「なんだろう……」

4

（さらにクーくんを出していく。）

保育者 「ゴボゴボゴボ、大きそうだよ」

アッくん 「わあ、ほんとだね」

5

（クーくんをすべて出す。）

保育者 「ひゃあ、クジラだ！」

クーくん 「ぼく、クジラのクーくん」

アッくん 「ぼくはアッくんだよ。よろしくね！」

（アッくんをクーくんの背中に乗せる。）

クーくん 「アッくん、ぼくの背中に乗ってごらん」

アッくん 「わぁ、クーくんの背中、とっても大きいね」

（クーくんをスタンドに立てて、クーくんの背中から潮を出す。潮の動きに合わせてアッくんも上下に動かす。）

クーくん 「ほら、シュバババババーンッ！」

アッくん 「わあ、すごーい！　楽しいなあ！」

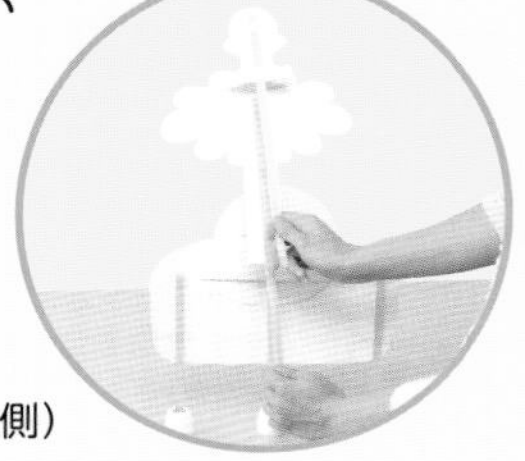

（裏側）

（潮とアッくんを一緒に上げたり下げたり、繰り返し動かす。）

クーくん 「もっと高く、シュバババババーンッ！」

アッくん 「わーい！　わーい！」

9

アッくん 「あー、とっても楽しかった！」

クーくん 「ほんとだね。じゃあ、また遊ぼうね。バイバイ〜」

（クーくんを退場させる。）

保育者 「楽しかったね、アッくん」

アッくん 「うん、明日もプールに入って、クーくんに会いたいな。みんなもプールでお友だちとなかよく遊んでね」

ペープサート⑭【七夕】

迷子の流れ星

七夕の夜空を見上げるのが、楽しみになる作品です。七夕製作の前や、七夕会で演じてもいいですね。

使う絵人形と準備するもの

➡ 型紙 P.145
➡ 楽譜 P.128

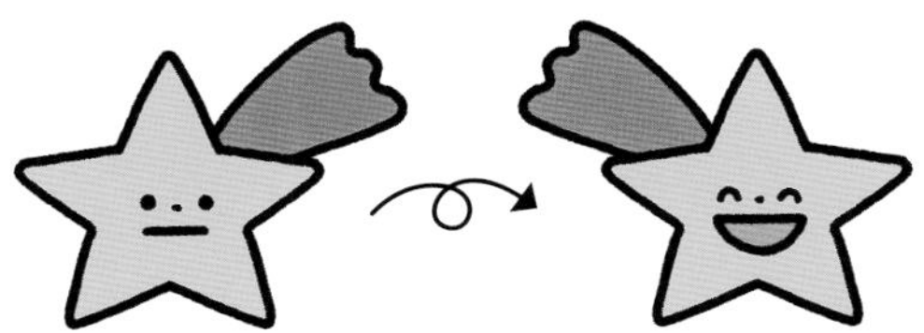
〈表〉流れ星ちゃん　〈裏〉流れ星ちゃん

笹飾り①

笹飾り②

笹飾り③

お母さん流れ星
笹

演じる前の準備

- 笹飾りを貼れるように※しておく。
- 笹をスタンドに立てておく。

※貼り方は P.6 参照。

その他　・スタンド2個　・隠し台

1

保育者「みんな、今夜は七夕だね。天の川で、一年に一度だけ、織姫さまと彦星さまが会える日なの。さあ、笹に飾りつけをしましょう」

季節・行事がテーマの作品

2

(『たなばたさま』のうたを歌いながら、笹飾りを笹に貼る。)

うた ♪ ささのはさらさら……

保育者 「はい、笹飾りのできあがり！」

3

(上を見上げる。)

保育者 「あらら、空から、なにか落ちてくるよ」

4

(流れ星ちゃんを出し、上から下へ動かす。)

保育者 「キラキラキラーン、シュー、ストン！
わあ、流れ星だ！」

5

(流れ星ちゃんを保育者の顔に近づける。)

保育者 「流れ星ちゃん、落っこちてきて、けがはない？」

流れ星ちゃん 「うん、大丈夫だよ。でもね、お母さんとはぐれて
迷子になっちゃったの。空へ帰りたいよう……」

6

保育者 「ねえ、笹飾りさんたち、流れ星ちゃんを空に帰してあげるには、どうしたらいい？」

（笹飾りに耳を近づけ、うなずく。）

保育者 「ふんふん、なるほど」

7

保育者 「流れ星ちゃんのお母さんに迎えにきてもらうためには、空に向かって大きな声で、『キラキラ、迎えにきてー！』って呼びかけるといいって。みんな、一緒に言ってくれる？」

（子どもたちと一緒に上に向かって呼びかける。）

みんな 「キラキラ、迎えにきてー！」

8

（お母さん流れ星を出す。）

お母さん流れ星 「ヒューン！ はーい、お母さん流れ星ですよ。みんなの元気な声のおかげで場所がわかりました」

保育者 「わあ、声が届いたみたいね」

9

（お母さん流れ星と、流れ星ちゃんを重ねて持ち、上の方へ動かす。）

流れ星ちゃん 「みんな、どうもありがとう。お礼に星がよく見えるように、今夜は晴れにするからねー」

保育者 「わあ、楽しみだね。さようならー。流れ星ちゃんの力で、夜、星がたくさん見られるといいね。みんなも夜になったら、空を見上げてみてね」

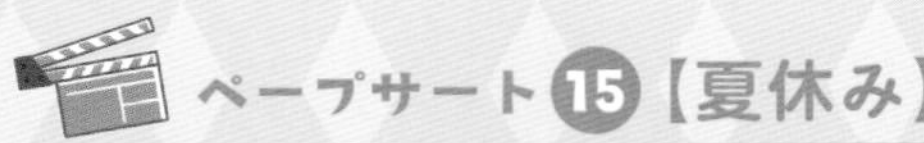

スイカの夏休み

使う絵人形と準備するもの

➡ 型紙 P.147

-・-・- 山折り
- - - - 谷折り

スイカのシマオの夏休み、どんなことが起こるのかな？　夏休みをどんなふうに過ごしたいか、子どもたちに聞いてみましょう。

ぼうし

セミ

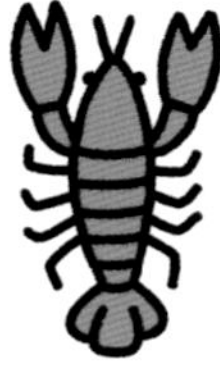

ザリガニ

演じる前の準備

- 木をスタンドに立てておく。
- 川[※1]を設置しておく。
- ぼうしとザリガニをシマオに貼れるように[※2]しておく。

※1 川の作り方はP.7参照。
※2 貼り方はP.6参照。

その他

- 川
- スタンド3個
- 隠し台

1

（シマオをゆらしながら出す。）

シマオ　「おいら、スイカのシマオ。夏休み、畑でゴロゴロしているのに飽きちゃったから、どこかに出かけたーい」

2

（シマオに帽子を貼る。）

保育者「シマオくん、お出かけするなら、ぼうしをかぶらなくちゃね」

シマオ「そうなのかい。おいらは畑で、おひさまをじゃんじゃん浴びていたけどな」

3

（シマオを木の近くまで動かして、木にセミをとまらせる。）

保育者「あっ、セミがいるよ」

セミ「ミーンミンミンミン」

シマオ「よーし、おいら捕まえるぞ！」

4

（木にシマオを体あたりさせ、セミを木から離す。）

シマオ「それ、ドッシーン！　わあ、逃げられた！」

保育者「シマオくんったら、そうっと、近づかなくちゃ」

シマオ「そうなのか。おいら、セミ捕りをしたことがないから、知らなかったよ。イタタタタ」

5

（シマオを川の近くまで動かす。）

保育者「シマオくん、それは川っていうんだよ」

シマオ「おいらにもシマシマの皮があるぞ。よし、川と皮で、なかよくするため、川に飛び込んでみようっと」

6

(シマオを川に半分沈ませる。)

シマオ 「ドッボーン！　ああ、冷たくて気持ちがいいなあ。だけど、なんだかお尻がモゾモゾするなあ」

7

(シマオにザリガニを貼り、川から出す。)

シマオ 「イタタタ、なにかにはさまれたあ！」

保育者 「それは、ザリガニだよ」

シマオ 「もう、お出かけはこりごりだあ！」

(シマオを隠し台に隠す。)

8

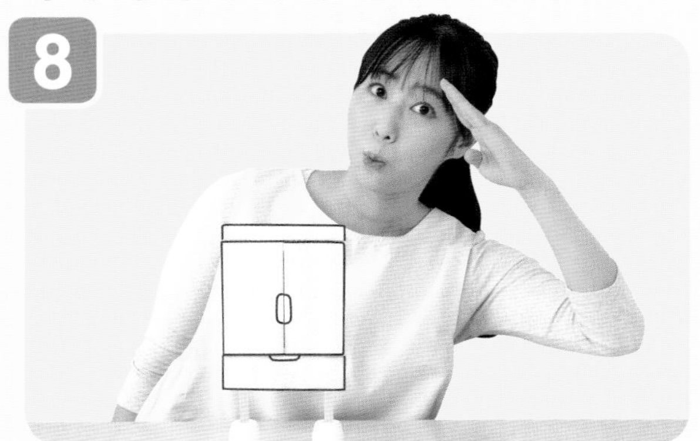

(木と川をしまい、冷蔵庫を出してスタンドに立てる。)

保育者 「あれ？　シマオくん、どこに行ったのかな」

シマオ 「おーい、おいらはこの中だよー。ここは涼しくて、とっても気持ちがいいんだよー」

9

(冷蔵庫の扉をひらき、シマオを見せる。)

シマオ 「ほら、おいら、冷え冷えだよ。おやつに食べてな！」

保育者 「スイカのシマオくんは、夏休みでも涼しい冷蔵庫がよかったみたいだね。みんなは夏休み、どこで遊ぶのかな？　楽しい予定を教えてね」

ペープサート 16【夏祭り】

おもちゃの夏祭り

夏祭りって、どんなことをするのかな？　おもちゃのお友だちが夏祭りの楽しみ方を教えてくれます。

使う絵人形と準備するもの

→ 型紙 P.149

ニーナちゃん

ロットくん

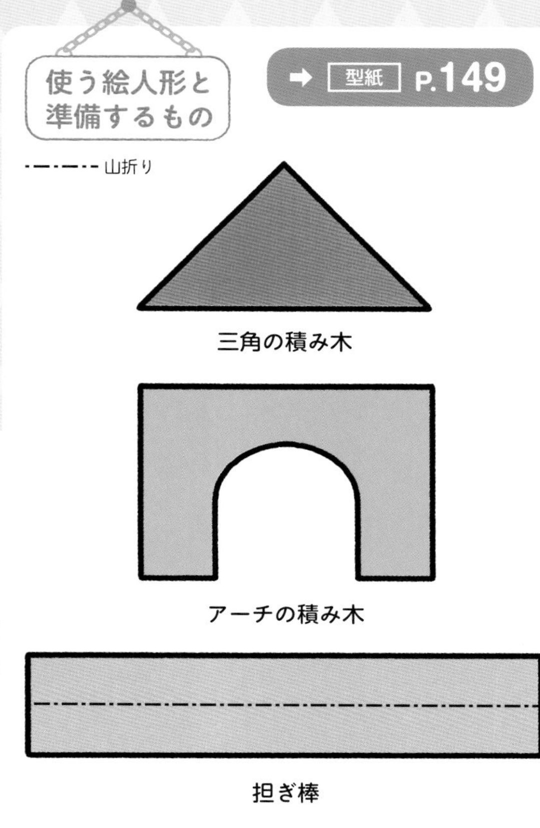

三角の積み木

アーチの積み木

担ぎ棒

たこ焼き

わたあめ

その他　・スタンド2個　・隠し台

演じる前の準備

- 担ぎ棒とアーチの積み木、三角の積み木を貼れるように※しておく。

※貼り方はP.6参照。

1

（ロットくんとニーナちゃんを出す。）

保育者「ねえ、ロボットのロットくんと、お人形のニーナちゃん、これから園で夏祭りをするの。みんなは夏祭りって知っているかな？」

2

(ロットくんとニーナちゃんを近づける。)

ロットくん 「ぼくは知ってるよ」

ニーナちゃん 「屋台のお店なんかが、並ぶんだよね」

3

(たこ焼きを出して、ロットくんの腕に近づける。)

ロットくん 「そうそう、ぼくはたこ焼きを食べるのが、夏祭りの一番の楽しみなんだ」

4

(わたあめを出して、ニーナちゃんの腕に近づける。)

ニーナちゃん 「私はわたあめが楽しみ。甘くてフワフワでおいしいの。夏祭りにはわたあめがないとね」

5

保育者 「ふたりとも、食べものより、夏祭りにはもっと大事なものがあるでしょ」

ロットくん ニーナちゃん 「ええと、ええと、そうだ！　おみこし!!」

6

（アーチの積み木を担ぎ棒に貼る。）

保育者「そう！　おみこしだよ。それじゃあ、積み木でおみこしを作ってみましょ。まずはこのトンネルのように穴のあいている、アーチの積み木を、担ぎ棒の上に置いて」

ロットくん **ニーナちゃん**「わー！　どんなおみこしになるのか、楽しみだね」

7

（三角の積み木を出す。）

保育者「この三角の積み木は、おみこしのどの部分になると思う？」

ロットくん **ニーナちゃん**「屋根！」

8

（三角の積み木をアーチの積み木の上に貼る。）

保育者「そうだね。おみこしの屋根。この三角の積み木を一番上に貼って……はい、積み木のおみこし、できあがり！」

ロットくん「わあ、ぼく、おみこし担ぎたーい！」

ニーナちゃん「私も！」

9

（ロットくんとニーナちゃんの腕に、おみこしの担ぎ棒を透明クリップではさみ、やさしくゆらす。）

ロットくん **ニーナちゃん**「わっしょい、わっしょい、おもちゃの夏祭りだよ、わっしょいしょい！」

保育者「かわいいおみこしのできあがり。園の夏祭りでは、どんなおみこしが見られるか、楽しみだね」

お盆ってなあに？

お盆の時期、ナスやキュウリを飾るのはなんでだろう？
お盆の習慣について知ることのできる作品です。

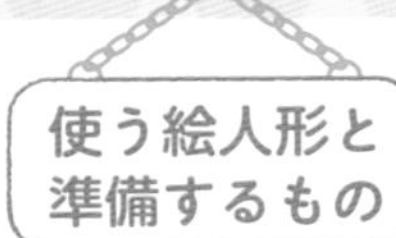

→ 型紙 P.150

火

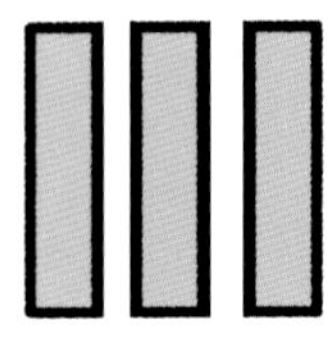

ナスさんのあし

ナスさん

キュウリくん

おがら

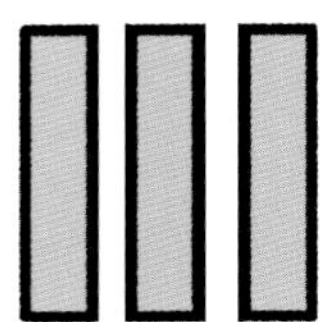

キュウリくんのあし

・スタンド3個
・隠し台

演じる前の準備

・あしと火を貼れるように※しておく。

※貼り方はP.6参照。

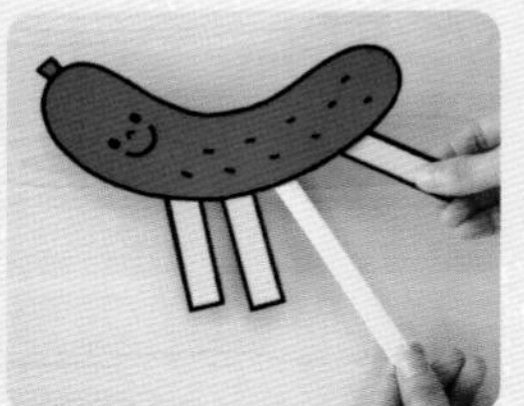

1

（ナスさんとキュウリくんを出す。）

保育者「ナスさん、キュウリくん、もうすぐお盆ね」

ナスさん「私たち、お盆には大切な役目があるの」

キュウリくん「そう、そう」

2

（ナスさんとキュウリくんを近づける。）

ナスさん　「キュウリくんは、ヒヒーンって鳴くものに変身するんだよね」

キュウリくん　「そう。ナスさんは、モーって鳴くものに変身するんでしょ」

3

（ナスさんとキュウリくんをスタンドに立て、あしを貼る。）

保育者　「まあ、ナスさんはウシに、キュウリくんはウマに変身したのね」

4

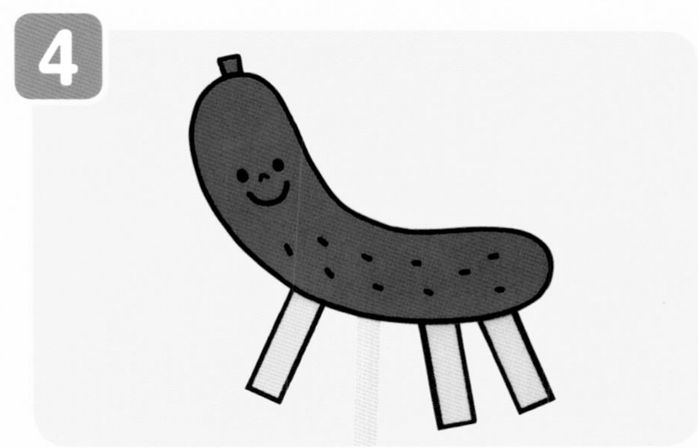

キュウリくん　「ヒヒーン、お盆には、あの世にいる家族やご先祖さまが戻ってくるっていわれているんだよ。行きは早く帰ってきてほしいから、走るのが速いウマに乗ってもらうんだ」

5

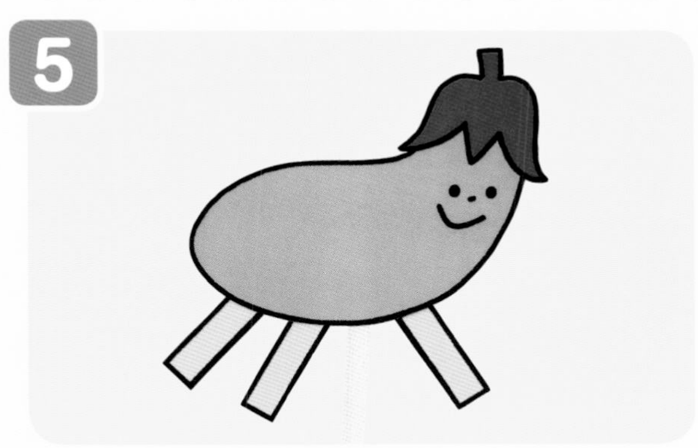

ナスさん　「モー、帰りはゆっくり帰ってほしいから、のんびり歩くウシに乗って帰ってもらうの」

6

（おがらを出す。）

保育者 「これは、おがらっていうの」

ナスさん 「モー、迎え火といって、あの世から家に帰ってくるときに道に迷わないよう、火を燃やして目印にするの」

キュウリくん 「ヒヒーン、ちょうちんを飾るのも、帰る家はここですよって知らせるためなんだよ。あの世に帰るときには、送り火を燃やすんだ」

7

（おがらをスタンドに立て、火を貼る。）

保育者 「はい、これでいいわね。どうぞお出でください」

ナスさん 「モー、お待ちしていますよ」

キュウリくん 「ヒヒーン、会えるのを楽しみにしています」

8

（スタンドからナスさんとキュウリくんをとって、上から下に動かす。）

ナスさん 「モー、お待ちしていましたー」

キュウリくん 「お帰りなさーい」

保育者 「目には見えないけど、きっと背中にご先祖さまたちが乗っているんだろうね」

9

保育者 「みんなのお家ではどんなお盆の準備をするのかな？　お家の人にも聞いてみてね」

ペープサート 18【防災の日】

「お・か・し・も」を守ろう

防災用語の「お・か・し・も」を、かわいい動物と一緒に、楽しく知ることのできる作品です。

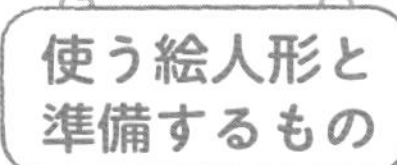

➡ 型紙 P.151

おおかみ

しか

かめ

ももんが

お

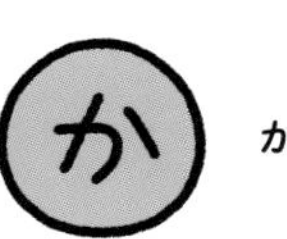

か

し

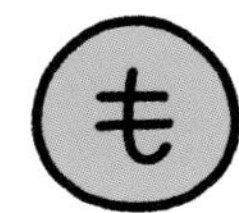

も

その他

- スタンド4個
- 隠し台
- ヘルメット

演じる前の準備

『お・か・し・も』の文字を貼れるように※しておく。

※貼り方はP.6参照。

（ヘルメットをかぶって登場する。）

保育者「みんな、避難訓練をするとき、必ず守ってほしいことがあるの。しっかり聞いてね」

季節・行事がテーマの作品

2

(おおかみを出す。)

おおかみ 「おれはおおかみ。避難するとき、ぜったいしちゃいけないこと、わかるかな？　おおかみの『お』がつくことさ」

3

(子どもの答えを待ってから『お』をおおかみの手に貼る。)

おおかみ 「そう、『おさないこと』。お友だちをおすことは、ぜったいしちゃだめ。おおかみの『お』は、『おさない』だよ」

4

(おおかみをスタンドに立て、かめを出す。)

かめ 「私は、かめ。避難するとき、もうひとつ守ってほしいこと、わかる？　かめの『か』がつくことなの」

(子どもの答えを待ってから『か』をかめの手に貼る。)

かめ 「あたり！『かけないこと』。かめの『か』は、『かけない』よ」

5

(かめをスタンドに立て、しかを出す。)

しか 「ぼくはしか。避難するとき、まだ守ってほしいことがあるよ。わかるかな？　しかの『し』がつくことだよ」

(子どもの答えを待ってから『し』をしかの手に貼る。)

しか 「正解！『しゃべらないこと』。しかの『し』は、『しゃべらない』だよ」

6

（しかをスタンドに立て、ももんがを飛ばしながら出す。）

ももんが 「ヒューン！　おいらはももんが。最後にもうひとつ避難するとき、守ってほしいことがあるよ。ももんがの『も』がつくこと、わかるかな？」

7

（子どもの答えを待ってから、『も』をももんがの手に貼る。）

ももんが 「ヒューン、そのとおり！　こんな風に『もどらないこと』。ももんがの『も』は、『もどらない』だよ」

（ももんがを行ったりきたり動かす。）

8

（ももんがをスタンドに立てる。）

保育者 「もう一度、繰り返そうね。おおかみの『お』は、おさない。かめの『か』は、かけない。しかの『し』は、しゃべらない。ももんがの『も』は、もどらない」

9

保育者 「全部つなげて、『お・か・し・も』。避難するときは、この『お・か・し・も』を必ず守ってね！」

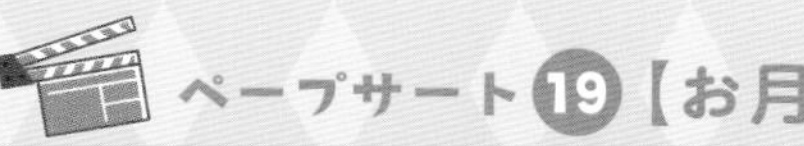

お月さまとホットケーキ

お月さまとホットケーキって、まんまるでなんだか似ているね。
子どもたちの想像力を刺激する楽しい作品です。

使う絵人形と準備するもの

→ 型紙 P.152

ウサギさん

雲さん

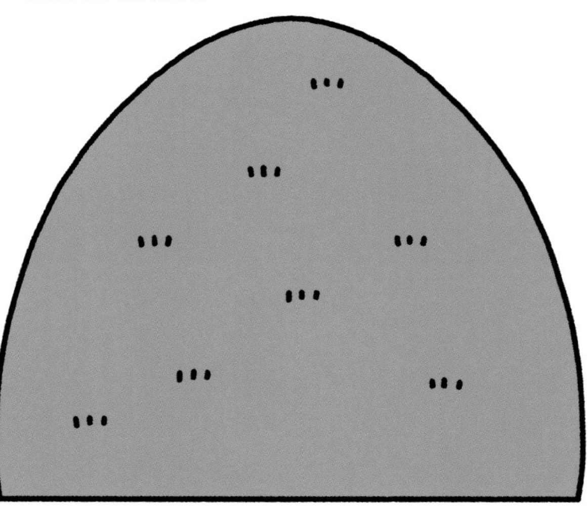
山

お月さま

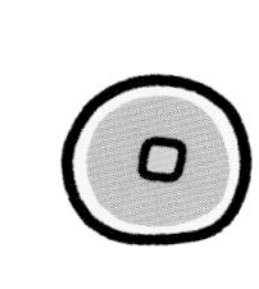
ホットケーキ

フライパン

その他 ・スタンド5個

演じる前の準備

- 山をスタンドに立てる。その後ろにお月さまと雲さんを重ねて、スタンドに立てておく。
- フライパンを貼れるように※しておく。

※貼り方はP.6参照。

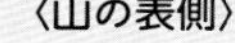

〈山の表側〉 〈山の裏側〉

1

（ウサギさんを出す。）

保育者「あれあれ、ウサギさん、困った顔をしているけれど、どうしたの？」

ウサギさん「今夜は十五夜でしょ。
お月見をしたいんだけれど……」

2

（ウサギさんを山のそばに動かす。）

ウサギさん「お月さまが雲さんにかくれんぼしてて、見えないの」

保育者「あっ、ほんとだ。雲さん、ちょっとどいてくれないかなあ」

雲さん「ふわあ……ぼく、居眠りしているんだから、じゃましないでよ」

保育者「そうかあ、困ったなあ。ウサギさん、こうしたらどうかなあ。ヒソヒソヒソ……」

（ウサギさんと保育者が、ヒソヒソ話のしぐさをする。）

3

（ウサギさんの手に、フライパンを貼る。）

ウサギさん「なるほど、それはいい作戦だね。さっそくやってみよう」

4

（ホットケーキを出して、フライパンに重ねる。）

ウサギさん「ほら、見て、ホットケーキを焼いたよ。おいしそうなにおいをさせたら、お月さまが雲さんから、顔を出すかもしれないでしょ」

保育者「わあ、おいしそうに焼けたね」

5

ウサギさん「お月さまー、あつあつのホットケーキだよ」

保育者「ウサギさん、おいしそうなにおいがお月さまに届くように、もっと高くポンポンさせたらどうかな」

ウサギさん「うん！　やってみるよ！」

6

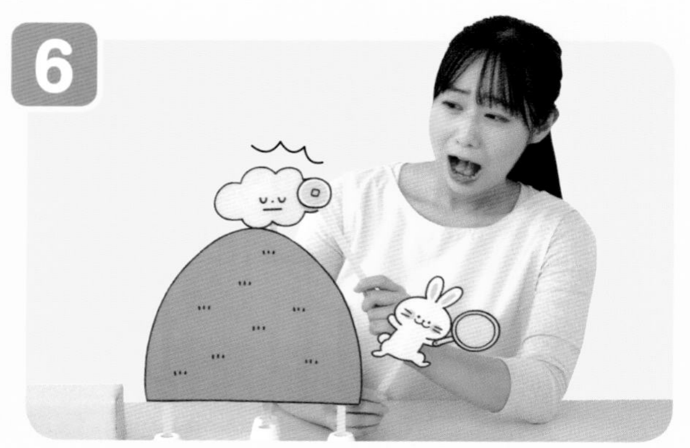

（ホットケーキを雲さんにあてる。）

ウサギさん「えいっ、ポンポーン！　あっ、しまった！
高くポンポンしすぎて、雲さんにあたっちゃった！
雲さん、ごめんなさい！」

雲さん「フヒャア、あつーい！」

7

（雲さんをずらして、お月さまを出す。）

保育者「ウサギさん、お月さま、出てきたよ」

（ホットケーキをお月さまに近づける。）

ウサギさん「ポーン、お月さま、ホットケーキを一口どうぞ」

お月さま「まあ、ありがとう。もぐもぐ、おいしいわ」

8

（ホットケーキを雲さんに近づける。）

ウサギさん「雲さんもホットケーキをどうぞ、ポーン」

雲さん「フホッ、おいしいなあ。さっきはいじわるしてごめんね」

ウサギさん「こっちこそ、ホットケーキをぶつけてしまってごめんなさい」

9

保育者「みんななかよくなったところで、おいしいホットケーキを食べながら、お月見だね！
園のみんなは、どんな楽しいお月見になるかな？」

ペープサート20【いも掘り】

おいもとモグラさん

使う絵人形と準備するもの

➡ 型紙 P.153

おいもを守ってくれていたモグラさん。園のおいも掘りでもモグラさんが出てくるかな？

〈表〉よいおじいさん

〈裏〉よいおじいさん

おいも

おいもとモグラさん

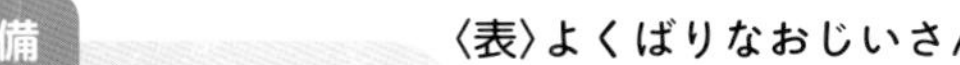

〈表〉よくばりなおじいさん

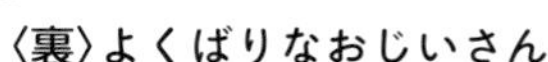

〈裏〉よくばりなおじいさん

演じる前の準備

・モグラさんが隠れるように、おいもを貼って※、スタンドに立てておく。

・よくばりなおじいさんのかごをたたんでおく※。

※貼り方、たたみ方はP.6参照。

-・-・- 山折り

------- 谷折り

その他

・スタンド
・隠し台

1

（よいおじいさんを出す。）

保育者 「あるところに、やさしくて人のよいおじいさんがいました。ある日、おじいさんは畑へいも掘りに出かけました」

よいおじいさん 「どれどれ、おいもは大きく育ったかな」

2

（おじいさんがおいもを抜くしぐさをする。）

よいおじいさん「よいしょ、よいしょ、どっこいしょ！　スポーンッ！おお、大きなおいもだこと」

（貼っていたおいもをはがし、モグラさんを見せる。）

モグラさん「おじいさん、おじいさん」

よいおじいさん「あれ、モグラさん」

3

（おじいさんとモグラさんを向かい合わせる。）

モグラさん「おじいさん、ぼくはこのおいもが虫に食われないように、ずっと見守ってきたんです」

よいおじいさん「それは、それは、ありがとうな。おいもはひとつあればいいから、あとはみんなで分けておくれ」

4

（おじいさんを裏返す。）

保育者「おじいさんがそう言うと、モグラさんはお礼の宝物をどっさりくれました」

よいおじいさん「これはかえってすまないな。モグラさん、どうもありがとう」

（おいもとモグラさんを、元のスタンドに立てる。）

5

（よくばりなおじいさんを出す。）

保育者「帰り道、おじいさんは、同じ村のよくばりなおじいさんに会いました」

よくばりなおじいさん「あれ、じいさん、その宝物どうしたんじゃ」

保育者「おじいさんは、モグラさんのことを話しました」

よくばりなおじいさん「そうか、よし、わしもじいさんの畑のいもを掘らせてもらうぞ。いいだろう？」

よいおじいさん「ああ、いいとも」

6

（よくばりなおじいさんが、おいもを抜くしぐさをする。）

よくばりなおじいさん「急いで畑へ行こう。お！　これだな。よいしょ、どっこいしょ、ズボーンッ！　おお、モグラがいるぞ。いもも宝物も、全部わしがとってやるー！」

モグラさん「わー!!」

保育者「モグラさんはびっくりして、おいもも宝物も置いたまま、逃げ出してしまいました」

7

（よくばりなおじいさんを裏返す。）

よくばりなおじいさん「しめしめ、いもも宝物もかごいっぱいだ。ああ重い、重い」

保育者「よくばりなおじいさんのかごは、どんどん重くなっていきます」

8

（かごをひらいて、ヘビを出す。）

よくばりなおじいさん「あれ、こんなに重いなんておかしいな」

保育者「よくばりなおじいさんは後ろを振り向きました」

よくばりなおじいさん「ひゃあ！　宝物がいつの間にか大ヘビになってるー！」

保育者「よくばりなおじいさんはかごを放り投げ、走って家に逃げ帰りました」

▶

9

（よいおじいさんを出す。）

保育者「次の日です」

よいおじいさん「裏の山に、キノコがどっさり生えたから、一緒にとりに行きましょう」

よくばりなおじいさん「ありがとう。とったら、なかよく半分ずつ分けよう」

保育者「よくばりなおじいさんは、昨日のことにこりて、すっかり心を入れ替えたのでした。みんなもおいも掘りで掘ったおいもは、お友だちとなかよく分け合ってね」

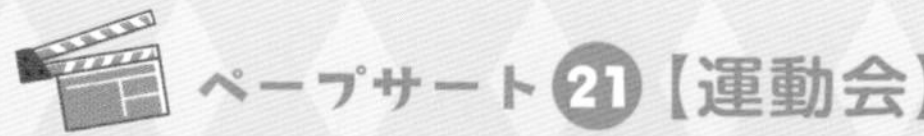
ペープサート21【運動会】

ばけっこ運動会

タヌキくんとキツネさんの運動会は大波乱の展開に！
運動会のドキドキワクワクがつまった作品です。

使う絵人形と準備するもの

➡ 型紙・作り方 P.155

-・-・- 山折り
------- 谷折り

その他

・スタンド2個
・隠し台
・川

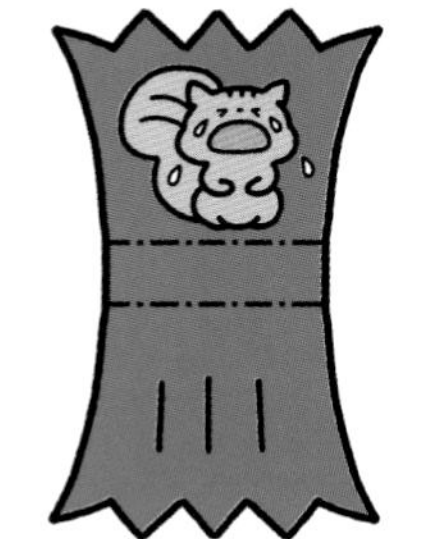

〈表〉草むら⇔〈裏〉リスくん

タヌキくんのメダル

キツネさんのメダル

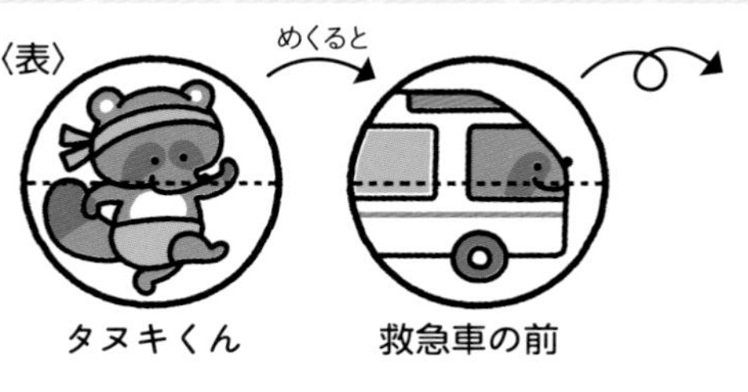

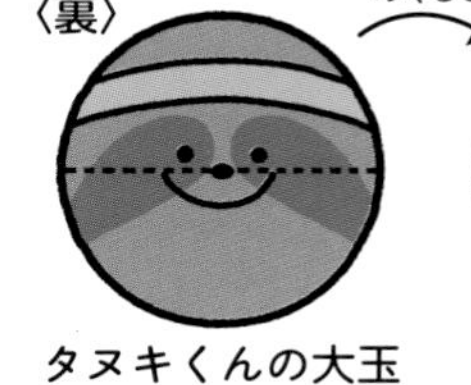

〈表〉 タヌキくん →めくると→ 救急車の前 ／ 〈裏〉 タヌキくんの大玉 →めくると→ カラス

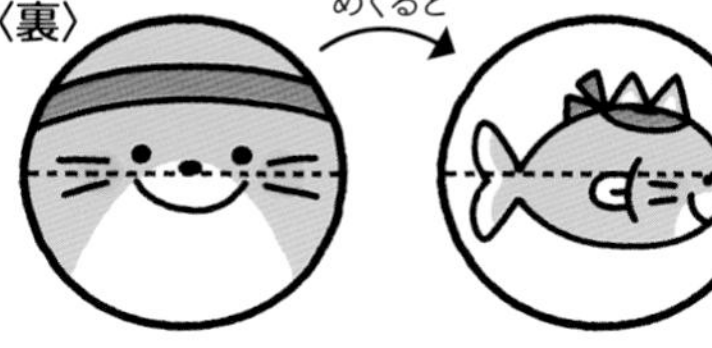

〈表〉 キツネさん →めくると→ 救急車の後ろ ／ 〈裏〉 キツネさんの大玉 →めくると→ 魚

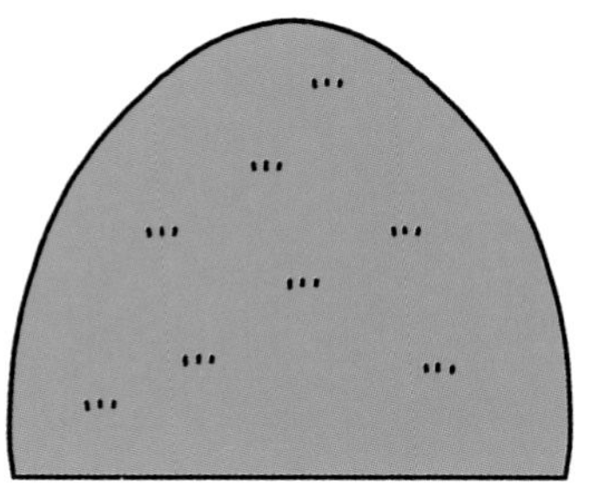

山
（P.58『お月さまとホットケーキ』と同じ）

演じる前の準備

- 表はタヌキくん、キツネさんを出し、裏はタヌキくんの大玉、キツネさんの大玉にして、透明クリップでとめておく。
- タヌキくんのメダル、キツネさんのメダルを貼れるように※1しておく。
- 山をスタンドに立てておく。
- 草むらと川※2を用意しておく。

※1 貼り方はP.6参照。　※2 川の作り方はP.7参照。

1

（タヌキくんとキツネさんを出す。）

保育者「今日は動物村の運動会。さあ、タヌキくんとキツネさんの、ばけっこレースが始まるよ」

タヌキくん「キツネさんに絶対勝つから！」

キツネさん「タヌキくんに負けるはずないじゃない！」

保育者「ふたりとも、始まるよ。位置について、用意、ドン！」

2

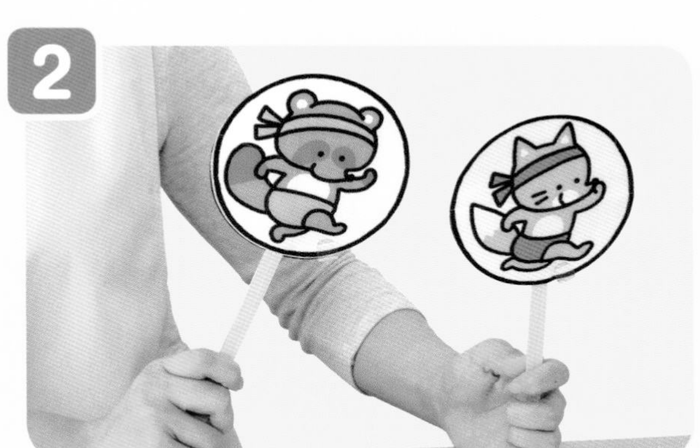

（キツネさんを少し前に出す。）

キツネさん 「タヌキくん、お先に〜」

タヌキくん 「く、くやしい！　よーし」

3

（タヌキくんを裏返して、タヌキくんの大玉にし、キツネさんを追い抜かす。）

タヌキくん 「タンタン、ドロン！　それ、大玉に化けて転がっていくぞー、コロコロコロ」

4

（キツネさんを裏返して、キツネさんの大玉にする。）

キツネさん 「こっちだってー、キンキン、パッ！　コロコロコロ」

タヌキくん 「ああっ、まねしたなあ」

5

（山にタヌキくんとキツネさんを近づける。
タヌキくんを勢いよく転がし、目を回して倒れるしぐさをする。）

タヌキくん 「それっ、スピードあげて、ゴロンゴロンゴロンッ！　わあ、目が回ちゃったあ〜ふらふら〜」

キツネさん 「フフフ、こっちはゆっくり、ゴーロゴーロ」

6

（タヌキくんとキツネさんを川に近づける。）

キツネさん「あっ、川だ。今度はなにに化けて渡ろうかな？」

7

（キツネさんの大玉をめくって、魚にする。）

キツネさん「キンキン、パッ！　魚に化けてスイスイスイ〜」

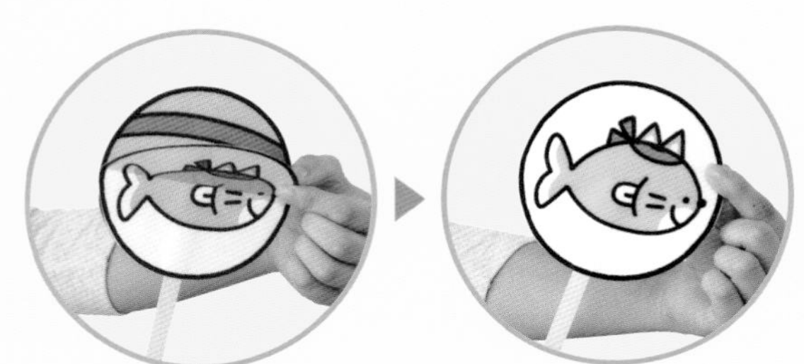

8

（タヌキくんの大玉をめくって、カラスにして、魚を追い抜かす。）

タヌキくん「こっちはもっといいものに化けるぞ。
タンタン、ドロン！　カアカアカア」

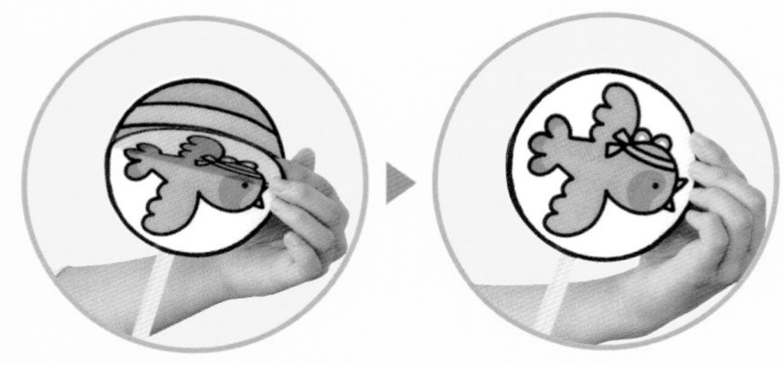

9

（カラス、魚を裏返して、タヌキくん、キツネさんに戻す。
草むらにタヌキくんとキツネさんを近づける。）

リスくん「ウエーン、ウエーン」

タヌキくん「あれ、どこからか泣き声がするよ」

キツネさん「草むらからみたい！」

10

（草むらを裏返して、リスくんを出す。）

リスくん 「おなかが痛いよう。ウエーン、ウエーン」

タヌキくん 「これは、大変！　タンタン、ドロン！」

キツネさん 「私も、キンキン、パッ！」

11

（タヌキくん、キツネさんをめくって、ふたつを合わせ、1台の救急車にする。）

タヌキくん 「それっ、合体して救急車だ！
リスくん、もう大丈夫だよ」

12

（リスくんを裏返して、再び草むらにする。）

キツネさん 「さあ、リスくんを救急車に乗せ、病院目指して出発！　ピーポー、ピーポー！」

13

（山、川、草むらをしまう。タヌキくん、キツネさんに戻し、メダルを貼る。）

保育者 「リスくんはふたりのおかげで元気になったって。よかったね」

タヌキくん 「うん、ゴールできなかったけど、すてきなメダルをもらったよ」

キツネさん 「私も！」

保育者 「ふたりともがんばっていいことをしたごほうびね、おめでとう！　みんなも運動会では自分の力をせいいっぱい出してがんばろうね」

ペープサート22【ハロウィン】

ハロウィンおばけの正体は!?

仮装した女の子の前に現れた、カボチャおばけの正体は……?
おいしそうなお菓子に、子どもたちの心もはずみます。

➡ 型紙 P.158

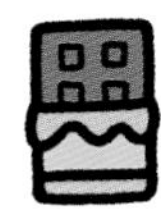

お菓子

〈表〉みなちゃん　〈裏〉ベロンパ

〈表〉パンプキン　〈裏〉ホネキ

演じる前の準備

- お菓子を貼れるように※しておく。

※貼り方はP.6参照。

その他 隠し台

1

（みなちゃんを出す。）

保育者「みなちゃん、今日はハロウィンね」

みなちゃん「そう、みなちゃんはね、どんな仮装をするかもう決めたよ」

2

（みなちゃんを裏返す。）

ベロンパ「ジャーン！　ほら、おばけのベロンパ」

保育者「わあ、おばけだけど、なんだかとってもかわいいね」

3

（パンプキンを出す。）

保育者「ベロンパ、お友だちがきたみたいよ」

パンプキン「ぼく、カボチャおばけのパンプキン、よろしく」

ベロンパ「私は、ベロンパ。一緒にお菓子をもらいに行かない？」

パンプキン「行こう、行こう！」

4

パンプキン「家をたずねたときに言う、言葉があったよね」

ベロンパ「そう、そう。『トリックオアトリート、お菓子をくれないと、いたずらするぞ！』だね」

（子どもたちも誘って、一緒に言う。）

パンプキン **ベロンパ**「じゃあ、みんなで一緒に練習してみよう。せーの『トリックオアトリート、お菓子をくれないと、いたずらするぞ！』」

5

ベロンパ「よし、ばっちりだね。それでは、家をまわりましょう」

パンプキン「まずは、ここの家がいいかな」

パンプキン **ベロンパ**「トリックオアトリート、お菓子をくれないと、いたずらするぞ！」

6

（パンプキンとベロンパにお菓子を貼る。）

パンプキン「わーい、やったあ、お菓子もらっちゃった！」

ベロンパ「うれしいね」

パンプキン「今度は、この家にしよう」

パンプキン **ベロンパ**「トリックオアトリート、お菓子をくれないと、いたずらするぞ！」

7

（さらにお菓子を貼る。）

ベロンパ「また、もらえたね」

パンプキン「やった〜！」

ベロンパ「見て見て、お菓子がこんなにたくさん！」

パンプキン「大好きなお菓子ばかりだよ」

8

ベロンパ「お菓子をたくさんもらったし、そろそろ、ベロンパから、みなちゃんに戻るね」

（ベロンパを裏返して、みなちゃんに戻す。）

みなちゃん「ねえねえ、パンプキンも元に戻ったら？」

パンプキン「いいけど、びっくりしないかなあ」

9

（パンプキンを裏返す。）

みなちゃん「わあ、パンプキンは、がいこつで、本物のおばけだったの！」

ホネキ「そう、『ホネキ』っていうんだ、どうぞよろしくね！」

保育者「ああ、驚いた。おばけもおばけに仮装するんだね。みんなはハロウィン、どんなおばけに仮装するのかな？」

ペープサート㉓【七五三】

おめでたい七五三

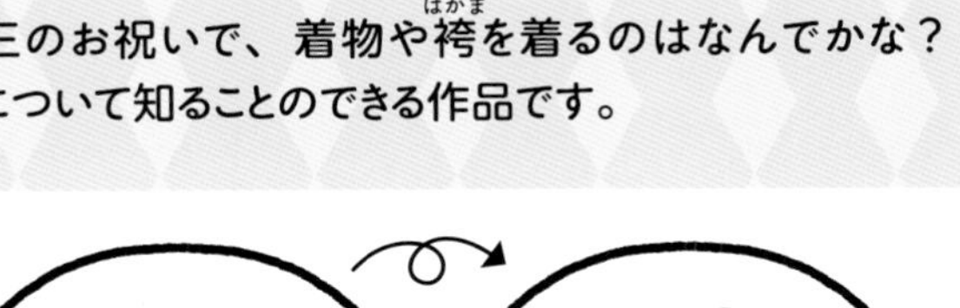

七五三のお祝いで、着物や袴（はかま）を着るのはなんでかな？
由来について知ることのできる作品です。

使う絵人形と準備するもの

➡ 型紙 P.159

千歳あめ×2

〈表〉みっくん　〈裏〉みっくん　〈表〉ななちゃん　〈裏〉ななちゃん

演じる前の準備

・千歳あめを貼れるように※しておく。
※貼り方はP.6参照。

その他
隠し台

1

（みっくんとななちゃんを出す。）

保育者「みっくん、ななちゃん、もうすぐ、七五三だね」

みっくん「うん、そうだね」

ななちゃん「七五三の日は、おしゃれをするんだよ」

2

（みっくんとななちゃんを裏返す。）

みっくん　「ほら、かっこいいでしょ」

ななちゃん　「見て、すてきでしょ」

3

保育者　「でも、七五三って、どうしてそんなかっこうをするのか知っている？」

みっくん　「知らなーい」

ななちゃん　「教えて」

4

保育者　「それはね、昔は子どもが生まれても、大きくなるまで育つことが難しかったの。だから子どもが元気に成長することは、家族にとって、とってもうれしいことだったのよ。それで年を区切って、３歳、５歳、７歳でお祝いをするようになったんだ」

5

保育者　「3歳のときは、それまで伸ばしていた髪を切るお祝い。それから5歳は、袴（はかま）をはじめてはくお祝い」

6

保育者「7歳は、帯をはじめてしめるお祝いなんだよ」

7

（みっくんとななちゃんの手に、千歳あめを貼る。）

保育者「じゃあ、着物や袴（はかま）をはいて、なにをするのかな？」

みっくん「お参りに行くんだよ」

ななちゃん「そう、元気に育ちますようにって、お願いするの」

保育者「ふたりともなにか持っているね」

みっくん ななちゃん「千歳あめ！」

8

保育者「千歳っていうのは、千年って意味があるんだよ。袋にも長生きの亀や鶴、おめでたい松、竹、梅の絵が描いてあるね」

9

みっくん ななちゃん「七五三って、元気で長生きしますようにってお祝いなんだね」

保育者「そうだね。子どもたちがすくすく育ってくれますようにっていうお祝いだね」

みっくん ななちゃん「じゃあ、お参りに行ってきまーす！」

保育者「行ってらっしゃーい！　みんなも七五三のお祝い、元気に行ってきてね」

ペープサート㉔【勤労感謝の日】

みんなのために ありがとう！

働いている人に、感謝の気持ちを伝える日。身近にいる大切なお仕事をしている人に、目を向けられる作品です。

➡ 型紙 P.160

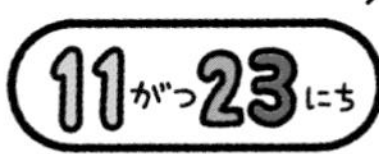

〈表〉日にち

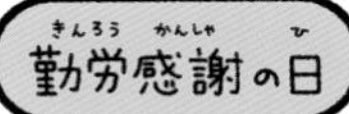

〈裏〉勤労感謝の日

〈表〉ゴミ収集作業員

〈裏〉ゴミ収集作業員

〈表〉配達員

〈裏〉配達員

その他

- スタンド5個
- 隠し台

演じる前の準備

- 隠し台
- スタンドを4個と絵人形を用意しておく。

〈表〉医師

〈裏〉医師

〈表〉看護師

〈裏〉看護師

〈表〉

1

（日にちを見せる。）

保育者「ねえ、みんな、11月23日はなんの日か知ってる？」

2

（日にちを裏返して、スタンドに立てる。）

保育者「そう、勤労感謝の日だね。働く人に、いつもありがとうって気持ちを伝える日なんだよ」

3

（ごみ収集作業員の〈裏〉を出す。）

保育者「じゃあ、これは、どんな仕事をしている人かな？ごみ袋を持っているけど」

（子どもの答えを待つ。）

4

（〈表〉にして、スタンドに立てる。）

保育者「ごみ収集車でごみを片付けにきてくれる仕事ね。おかげで、きれいで気持ちよく過ごせるよね。いつもありがとうございます」

5

（配達員の〈裏〉を出す。）

保育者「今度は、どんな仕事をしている人かな？　荷物を持っているね」

（子どもの答えを待つ。）

6

(〈表〉にして、スタンドに立てる。)

保育者 「荷物を届けたり取りにきてくれたり、配達する仕事ね。おかげで家にいても、荷物が遠くから届いたり、送れたり、とっても便利ね。いつもありがとうございます」

7

(医師と看護師の〈裏〉を出す。)

保育者 「このふたりは、どんな仕事をする人たちかな？　注射器と体温計を持っているね」

(子どもの答えを待つ。)

8

(〈表〉にして、スタンドに立てる。)

保育者 「こちらはお医者さんと看護師さんでした。病気を治してくれたり、ケガの手当をしてくれたりするよね。いつもありがとうございます」

9

保育者 「みんながにこにこ暮らせるように、毎日一生懸命働いてくれる人たちが、たくさんいるよね。その方たちに拍手を送って、お礼を言おうね。いつもありがとうございます！」

ペープサート25【クリスマス】

クイズで楽しいクリスマス

使う絁人形と準備するもの

クリスマス会前の導入として、クイズを楽しめる作品です。ツリーにあの人気者が隠れているよ！

〈外〉ツリーと鉢

〈中〉サンタさん・メリークリスマス

その他
・スタンド2個
・隠し台

〈表〉クイズ①　〈裏〉クリ

〈表〉クイズ②　〈裏〉3と9

〈表〉クイズ③　〈裏〉トナカイ

演じる前の準備

- 切り込みを入れたツリーの面がめくれないように貼り※、スタンドに立てておく。
- クイズ①②③をツリーに貼っておく※。

※貼り方はP.6参照。

季節・行事がテーマの作品

1

保育者「みんな見て、とってもすてきなクリスマスツリーでしょ。これから、クリスマスのクイズを始めるよ。正解すると、みんなが大好きなあの人が登場するからがんばって考えてね」

2

（クイズ①をはがして、問題を読む。）

保育者 「第1問、贈り物にかくれんぼしている木の実はなあんだ？」

（子どもの答えを待つ。）

3

（クイズ①を裏返して、クリを見せる。）

保育者 「答えは、お、くり、もので、クリでした」

4

（ツリーの下段をめくる。）

保育者 「あれあれ、これは足かな？」

5

（クイズ②をはがして、問題を読む。）

保育者 「第2問、サンタクロースが好きな数はいくつといくつかな？」

（子どもの答えを待つ。）

6

(クイズ②を裏返して、3と9を見せる。)

保育者 「サン、タ、ク、ロースで、3と9でした」

(ツリーの中段をめくる。)

保育者 「だれかな、だれかな？」

7

(クイズ③をはがして、問題を読む。)

保育者 「第3問、貝は貝でもそりを引く貝はなあんだ？」

(子どもの答えを待つ。)

8

(クイズ③を裏返して、トナカイを見せる。)

保育者 「答えはトナカイ。
カイ、が入っているでしょ」

(ツリーの上段をめくる。)

保育者 「じゃーん！
サンタさんの登場です！」

9

(鉢をめくり、「メリークリスマス」の文字を見せる。)

サンタさん 「みんな、メリークリスマス！　ほっほっほ」

保育者 「では、これから、楽しい楽しいクリスマス会を始めまーす！」

季節・行事がテーマの作品

不思議なおもちつき

ペッタンペッタン、おもちをついていたらかわいいクマさんが出てきたよ。おもちに来年へのメッセージを入れてみましょう。

使う絵人形と準備するもの

→ 型紙 P.164

その他
・スタンド3個
・隠し台

演じる前の準備

・うすをスタンドに立て、その前に隠し台を置いておく。
・おもちをきねに貼り※、切り込み①からおもちを出しておく。
・メッセージ入りのおもちを貼れるように※しておく。
※貼り方は P.6 参照。

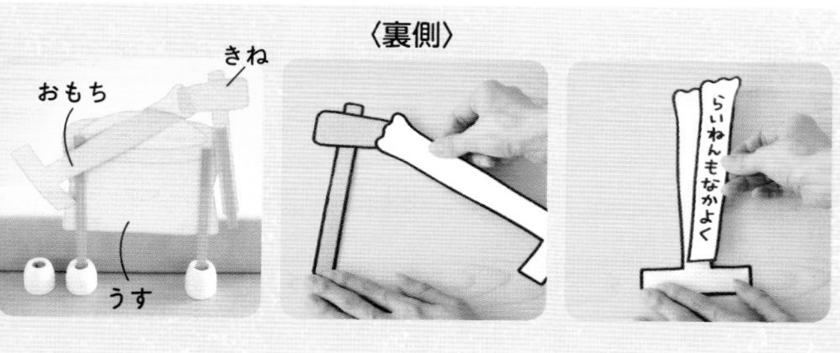

1

(きねを持って、おもちをつく。)

保育者「もうすぐお正月だから、おもちをつこうね。ペッタン、ペッタン」

2

（うすをのぞき込む。）

保育者 「おやおや、おもちの中にだれかいるよ！」

3

（きねとおもちを取る。切り込み②から、もちもちグマを少しずつ出す。）

保育者 「わあ、なにかな？」

4

（もちもちグマをすべて出す。）

保育者 「まっしろなクマさんだ。シロクマさんは、なんでおもちの中から出てきたの？」

5

もちもちグマ 「ちがう、ちがう。ぼくはシロクマじゃなくて、おもちから生まれた、もちもちグマだよ」

6

もちもちグマ 「なんだかおなかペコペコだ……」

（あんころもちを出す。）

保育者 「さっき作ったあんころもちがあるけど、もちもちグマさん、食べる？」

もちもちグマ 「あんころもち、だーい好き！　いただきまーす！　モグモグモグ……実はね、もちもちグマがあんころもちを食べると、あるものに変身しちゃうんだ……。モグモグモグ」

7

（もちもちグマを裏返す。）

モチンダ 「ほらね！」

保育者 「わあ！　あんこ色のパンダになっちゃった！」

モチンダ 「ちがう、ちがう。パンダじゃなくて、おもちでできているから、モチンダ！　モチンダはおもちの国からハッピーを届けにきたんだよ」

8

（モチンダをスタンドに立てて、おもちを貼ったきねを再び切り込み①から出す。モチンダと一緒におもちつきをする。）

モチンダ 「じゃあ、一緒におもちつきをして、みんなにハッピーをあげるよ。ペッタン、ペッタン！」

9

（うすの後ろで、メッセージ入りのおもちを、おもちの上に重ねて貼り、少しずつ出していく。）

モチンダ 「ビヨーン！　モチンダ特製ハッピーおもちのできあがり。みんな、『らいねんもなかよく』ね！」

保育者 「モチンダ、どうもありがとう。みんな、来年もきっと楽しいことがいっぱいだよ！」

ペープサート 27【お正月】

ネコくんの初夢

ネコくんは凧に乗って、お空を高く高くのぼっていきます。
どんなお友だちに会えるのかな？

使う絵人形と準備するもの

➡ 型紙 P.165

とりさん

雲さん

宇宙人

星さん

〈表〉凧に乗ったネコくん

〈裏〉ふとんの中のネコくん

その他　隠し台

演じる前の準備

・絵人形を準備しておく。

（凧に乗ったネコくんを出す。）

保育者「みんな、あけましておめでとう。
あれあれ、ネコくん、凧に乗ってごきげんだね」

ネコくん「おめでとうニャア。凧で空にのぼるんだニャア」

2

（とりさんを出す。）

とりさん「チュンチュン、ネコくん、あけましておめでとう。ずいぶん高くまでのぼってきたね」

ネコくん「とりさん、おめでとうニャア。もっと高くのぼるんだニャア」

3

（雲さんを出す。）

雲さん「モクモク、おめでとう。こんな空の上まできたのかい」

ネコくん「雲さん、おめでとうニャア。まだまだ高くのぼるつもりだニャア」

4

（星さんを出す。）

星さん「ピカピカ、おめでとう。ここまでのぼってきたなんてすごいね」

ネコくん「星さん、おめでとうニャア。もう少し高くまでのぼってみたいんだニャア」

5

（宇宙人を出す。）

宇宙人「ピコパ、オメデトウ。コンナトコロマデ、スゴイ、スゴイ」

ネコくん「だれかわからないけど、おめでとうニャア。ぼく、宇宙に行くのが夢なんだニャア」

6

宇宙人 「ピコパ、ワタシハ、ウチュウジン。ココハモウ、ウチュウダヨ」

ネコくん 「エエッ、びっくりだニャア。まるで夢みたいだニャア」

7

（ネコくんのペープサートを裏返す。）

ネコくん 「あれあれ、今の全部夢だったんだニャア」

8

保育者 「ネコくんの初夢は宇宙へ行く夢だったんだね。初夢は本当になるっていうから、ネコくんもいつか本当に宇宙へ行けるかもしれないね」

ネコくん 「わあい！　初夢、叶ったらうれしいニャア」

9

保育者 「みんなはどんな初夢を見た？　楽しい夢かな？不思議な夢かな？　ぜひ教えてね」

ペープサート28【節分】

豆の好きな鬼

節分の豆が大好きな鬼のニオが登場！ 豆から作られるさまざまな食べものにも注目です。

使う絵人形と準備するもの

➡ 型紙・作り方 P.166

ニオ（お面にする）

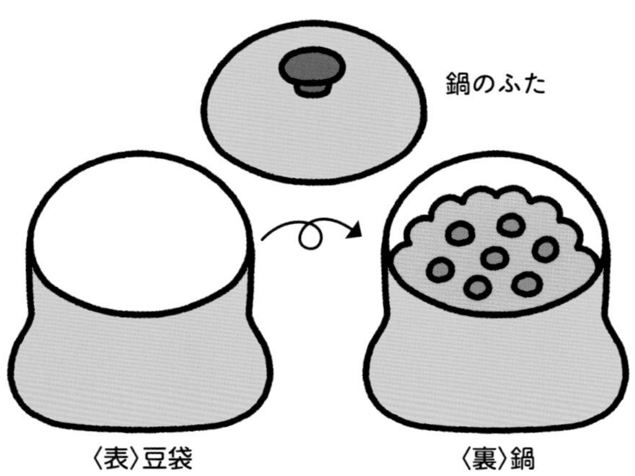

鍋のふた

〈表〉豆袋　〈裏〉鍋

豆から作られた食べもの

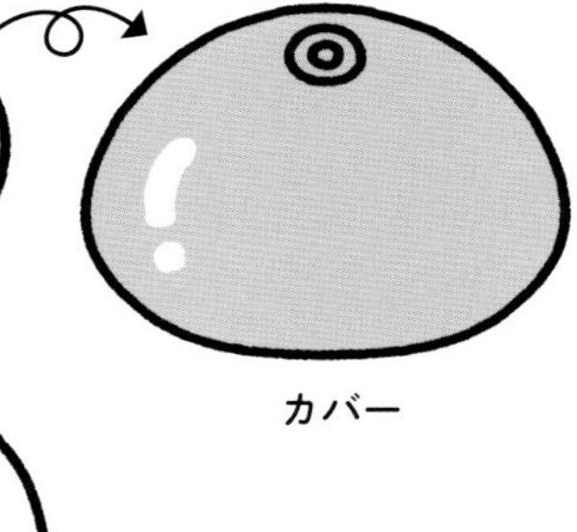

カバー

その他
・豆（色紙で作成）
・スプーン（本物）
・隠し台

演じる前の準備

・色紙をちぎって丸め、豆に見立てたものを用意しておく。
・鍋のふたを貼れるように※しておく。
・ニオ（鬼）のお面を作成する。

※貼り方は P.6 参照。

1

（ニオのお面をかぶって登場する。）

ニオ「オウ、おいらは鬼のニオ。おいら、豆まきが待ち遠しくてたまらないんだ。鬼が豆まきを楽しみにしているなんて、おかしいと思うだろ？」

2

（豆袋を出す。）

ニオ 「おいらが豆まきを楽しみにしているのは、豆が食べられるからなんだ。これ、なんだかわかるかな？ 豆を入れる豆袋だ。ふふふ。この袋にぶつけられた豆を集めるぞうっと」

3

（豆を自分に向かって投げつける。）

ニオ 「鬼は外、福は内！　ほーら、豆まきが始まったぞ。痛くても我慢、我慢。たくさん豆を集めなくちゃ！」

4

（豆袋を裏返す。）

ニオ 「やったあ！　豆がこんなに集まったぞ、しめしめ」

5

（鍋のふたを貼る。）

ニオ 「さあ、鍋で豆をグツグツ煮ていくぞ」

6

（豆から作られた食べものを、カバーがついている状態で出す。）

ニオ 「ほーら、煮た豆でいろんな食べものを作ったぞ。なにができたと思う？」

7

（カバーをめくる。）

ニオ 「豆腐だろ、納豆だろ、しょうゆも豆から作られるんだぞ。それからみそ汁のみそ、豆乳もできたぞ」

8

（スプーンを持つ。）

ニオ 「いただきまーす！　おいらやっぱり、豆が大好き！だから豆まきも大好きさ」

9

ニオ 「園のお友だち、節分の日は遠慮なく、おもいっきり豆を投げてくれよな！　楽しみにしているよ。バイバーイ！」

ペープサート 29【バレンタインデー】

4つのハートチョコ

いろいろな柄のハートチョコたち。だれが一番おいしくてすてきか言い合っています。決めることはできるかな？

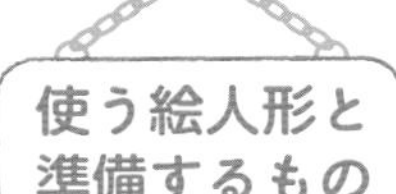

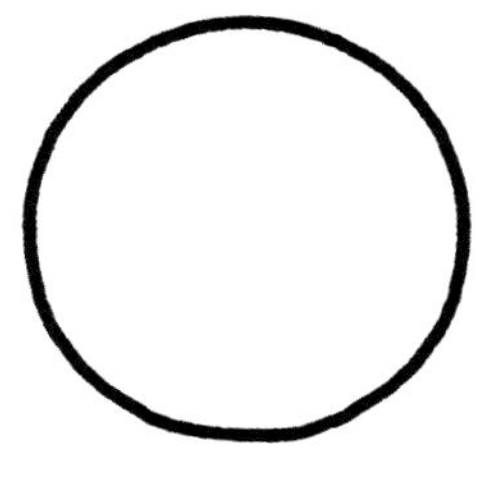

土台

花柄チョコ

星柄チョコ

その他

・隠し台

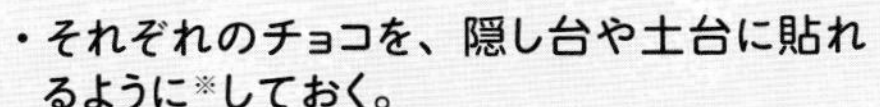

・それぞれのチョコを、隠し台や土台に貼れるように※しておく。

※貼り方は P.6 参照。

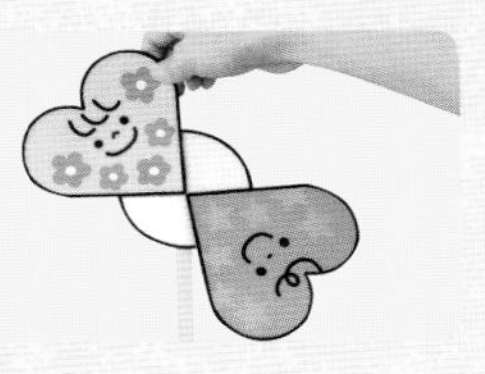

ハート柄チョコ

水玉柄チョコ

季節・行事がテーマの作品

（花柄チョコを出す。）

保育者「そろそろ、バレンタインデーね。ねえ見て、おいしそうなハートチョコ」

花柄チョコ「おいしいだけじゃないの、ほら、花の模様がすてきでしょ」

2

（星柄チョコを出す。）

星柄チョコ 「一番すてきでおいしいのはこっち。それに星の模様はかっこいいんだよ」

（花柄チョコと星柄チョコを隠し台に貼る。）

3

（ハート柄チョコを出し、隠し台に貼る。）

ハート柄チョコ 「あら、すてきって、私のこと？　そんなにほめてもらうなんて、照れるわね。ハートの形にハート柄の模様がぴったりでしょ」

4

（水玉柄チョコを出し、隠し台に貼る。）

水玉柄チョコ 「おっと、勝手に一番を決めてもらっちゃ困るなあ。一番すてきなのは、水玉柄のぼくだからね」

5

保育者 「どのチョコレートもおいしそうで、みんなすてきな柄だから、どれかひとつを選ぶなんてできないよ～～」

6

保育者 「そうだ、いいこと考えた！」

7

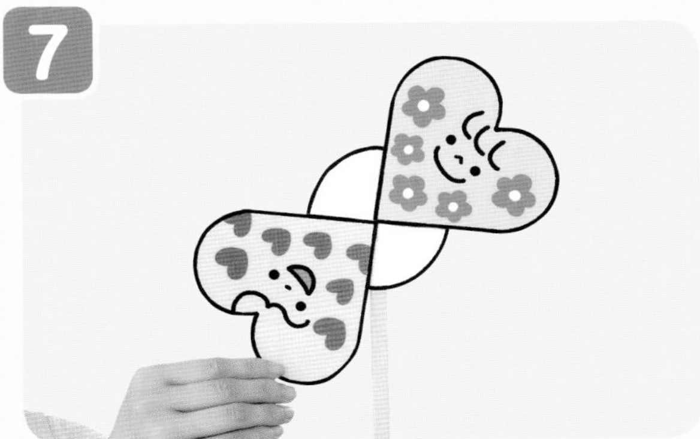

(土台に、ひとつずつチョコを貼っていく。)

保育者 「こうしたら、どうかなあ」

8

(4つとも貼る。)

保育者 「ほら、幸せのクローバーみたいでしょ」

チョコたち 「わあ、ありがとう。これが一番すてきだね」

保育者 「チョコたちもうれしそう。こうして並べてプレゼントすれば、きっとすごくよろこばれるね」

9

保育者 「みんなも楽しいバレンダインデーをすごしてね。そして、チョコを食べたあとは、しっかりと歯みがきをするのも忘れずに！」

ペープサート30【ひなまつり】

おひなさまのしりとりあそび

ひな壇の上で退屈そうなおひなさまたちが、しりとりを始めました。シルエットクイズとしても、楽しむことができます。

使う絵人形と準備するもの

➡ 型紙 P.168

ぼんぼり×2　おびな　めびな

-・-・- 山折り
- - - - - 切り込み

その他 ひな壇

〈表〉とんぼ　〈表〉けいと　〈表〉いけ　〈表〉かい　〈表〉めだか　〈表〉すずめ　〈表〉りす

〈裏〉とんぼ　〈裏〉けいと　〈裏〉いけ　〈裏〉かい　〈裏〉めだか　〈裏〉すずめ　〈裏〉りす

演じる前の準備

ひな壇の一番上に、めびな、おびな、ぼんぼりを飾り、2段目と3段目に、表側にした絵人形を並べておく。

※ひな壇の作り方 P.7

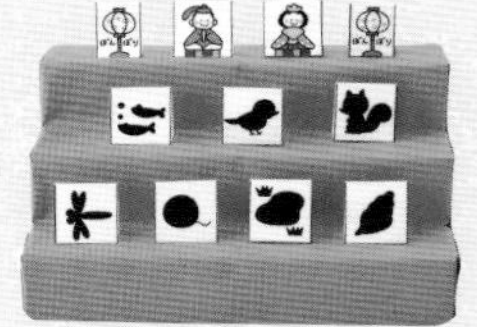

1

保育者「もうすぐひなまつりね。おひなさまたちは、ずっとじっとしていて、つまらなくないのかな。ねえねえ、おひなさま、どう？」

2

めびな「ええ、それはですね……ちょっと退屈ですね」

おびな「はい、そうですね……」

保育者「じゃあ、みんなでしりとりあそびをして、楽しみましょうよ。最初は『ぼんぼり』の『り』から」

3

（りす〈表〉を持つ。）

保育者「これは『り』のつくものだよ。なにかわかるかな？」

（子どもの答えを待つ。）

4

（裏返して、答えを見せる。）

保育者「りすだね。じゃあ次は『りす』の『す』から始まるもの。なにかな？」

5

（**3**、**4** のようにシルエットを見せて子どもに問いかけ、裏返して答えを見せていく。）

保育者「すずめ➡めだか。次は『か』のつくもの。なにかな？」

6

（続けてシルエットを見せて子どもに問いかけ、答えを見せながら、『かい➡いけ➡けいと』まで進み、とんぼのシルエットを見せる。）

保育者 「さあ、これで最後。『けいと』の『と』のつくものはなにかな？」

7

（とんぼを見せる。）

保育者 「とんぼでした。
おしまいだけど、とんぼの『ぼ』は……」

8

保育者 「ほら、ぼんぼり！　また最初に戻ったね」

9

保育者 「いつまでも終わらない、グルグルしりとりのできあがり！　これなら、じっとしているおひなさまも楽しめるね！」

ペープサート31【イースター】

びっくり イースターエッグ

小さなたまごに、大きなたまご、いろいろなたまごから
お友だちが出てきます。どんなお友だちに会えるかな？

使う絵人形と準備するもの

→ 型紙・作り方 P.169

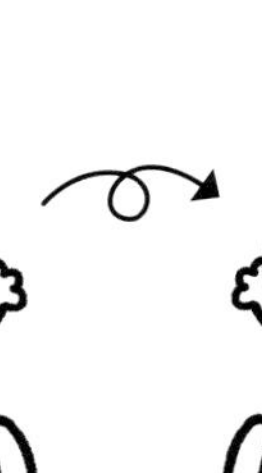

〈表〉イースターバニー　〈裏〉イースターバニー

-・-・-・- 山折り　- - - - - - - 谷折り

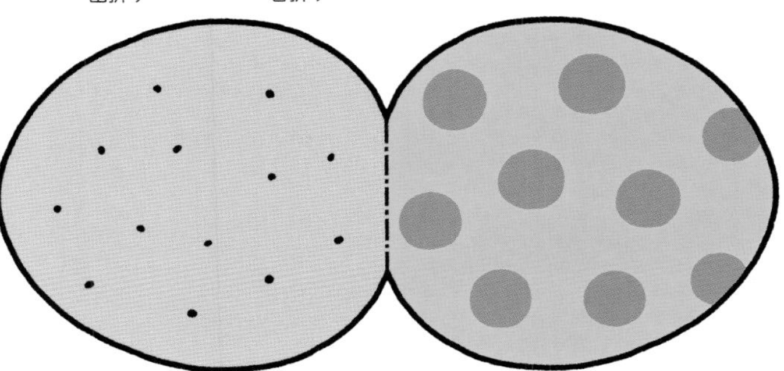

〈外〉石・たまご（大）

〈表〉たまご（小）　〈裏〉ヒヨコ

草むら

その他　・スタンド2個　・隠し台

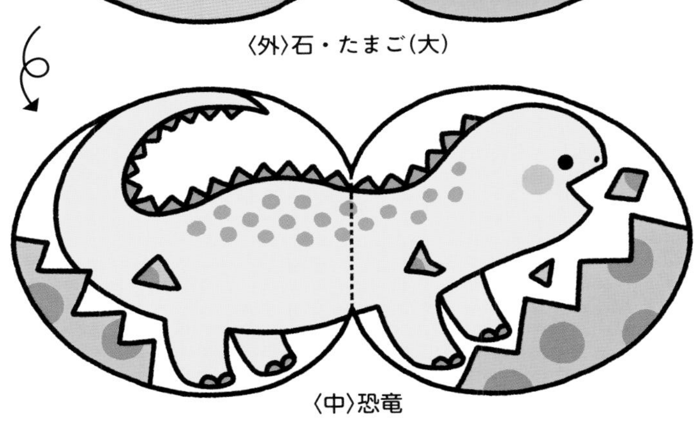

〈中〉恐竜

演じる前の準備

- 石・たまご（大）を折りたたみ※、石の方を前にして、スタンドに立てておく。
- 草むらの後ろに、たまご（小）を隠しておく。

※折りたたみ方はP.6参照。

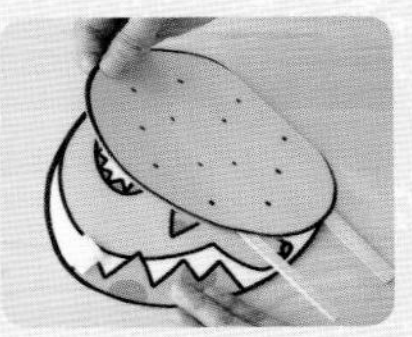

季節・行事がテーマの作品

1

（イースターバニーを出す。）

保育者「みんな、イースターって知っている？　春のおとずれを祝うお祭りだよ。カラフルな模様に色をぬったたまご、イースターエッグが有名ね」

イースターバニー「はーい！　ぼくはイースターバニー！　イースターエッグを運ぶ、ウサギだよ」

2

（イースターバニーを左右に動かす。）

イースターバニー「あのね、実はたまごをどこかへ忘れてきちゃったんだ。どこにあるのかな？　みんな一緒に探してくれる？」

（たまご（小）を草むらから少し出す。）

3

（たまご（小）を、草むらからすべて出す。）

イースターバニー「あっ、みっけ！　みんな、ありがとう」

たまご（小）「パリパリパリ……」

イースターバニー「あれあれ!?　たまごが割れる音が聞こえるよ」

4

（たまご（小）を裏返して、ヒヨコを見せる。）

ヒヨコ「メリメリ、パッカーン！　ピヨピヨ～」

イースターバニー「わあ、ヒヨコが生まれた！」

5

（ヒヨコを隠し台に隠し、ほかのたまごを探すしぐさをする。）

イースターバニー「えっ、もうひとつたまごがあるって？　どこどこ？」

6

（石の近くにイースターバニーを移動させ、裏返す。）

イースターバニー「ほんとだ。これは石かと思ったら、大きなたまごだったみたい」

（イースターバニーを表側にして、耳をすますしぐさをする。）

石「バリバリバリ……」

イースターバニー「ひゃあ、また、たまごが割れる音がするよ」

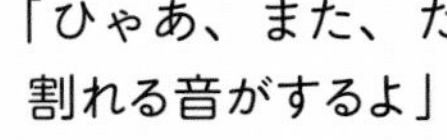

7

（石を裏返して、たまご（大）を見せる。）

イースターバニー「こんなきれいな模様がついているけど、なにが生まれるのかな？」

8

（たまご（大）をひらいて、恐竜を見せる。）

恐竜「バリバリ、バリーン！　ガオーッ！　」

イースターバニー「すごーい、たまごと同じ、水玉模様の恐竜だ！」

9

（イースターバニーを恐竜のしっぽに乗せる。）

恐竜「イースターバニーくん、ぼくのしっぽに乗って、散歩に出かけようよ」

イースターバニー「わーい！　イースターは春のお祭り。パレードもあるから見てみたいな。みんな、行ってきまーす！」

保育者「楽しそうな春のお祭りだね。みんなはどんなふうにイースターを楽しもうか？」

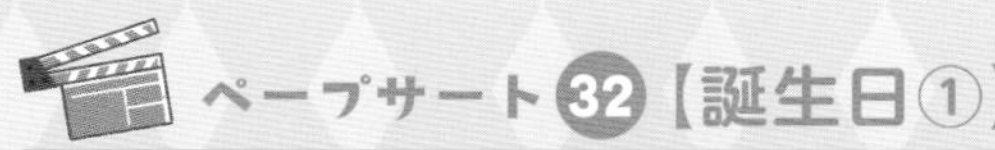

ペープサート 32 【誕生日①】

「き」は「き」でも ―誕生日クイズ―

誕生日会にピッタリの作品です。みんなでクイズを楽しみながら、楽しい会にしてくださいね。

使う絵人形と準備するもの

➡ 型紙 P.171

葉① 葉② 葉③

〈表〉木 〈裏〉ケーキ

その他 隠し台

演じる前の準備

絵を隠すように、木に葉①②③を貼って※おく。

※貼り方はP.6参照。

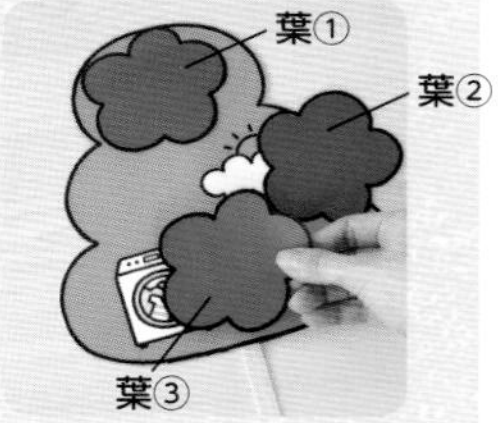

葉① 葉② 葉③

1

保育者 「さあ、今日は楽しい誕生日会。誕生日会にぴったりのクイズで遊ぼうね。こんなところに大きな木があるよ。『きはきでもクイズ』スタート。
第1問、きはきでも、空を飛ぶ『き』は、なーんだ？」

（子どもの答えを待つ。）

保育者 「わかるかな。ヒントは、みんなもその『き』に乗ることができるんだよ」

2

（葉①をはがし、飛行機を見せる。）

保育者「さあどうかな？　そう、『ひこうき』が正解！」

3

保育者「第2問、きはきでも、晴れたり曇ったり雨が降ったりする『き』は、なーんだ？」

（子どもの答えを待つ。）

4

（葉②をはがし、お天気マークを見せる。）

保育者「答えは……『おてんき』でした」

5

保育者「第3問、きはきでも、汚れた服を洗ってきれいにしてくれる『き』は、なーんだ？」

（子どもの答えを待つ。）

6

（葉③をはがし、洗濯機を見せる。）

保育者「すごい、よくわかったね。正解は『せんたくき』でした！」

7

保育者「第４問、最後のクイズだよ。きはきでも、お祝いやクリスマスに食べる、あまくてきれいでクリームがたっぷりな『き』は、なーんだ？」

（子どもの答えを待つ。）

8

（木を裏返して、ケーキを見せる。）

保育者「はーい、大正解！『ケーキ』でした」

9

保育者「これは、誕生日のお祝いのケーキ。それでは誕生日のお友だちをみんなでお祝いしようね！
誕生日おめでとう」

ペープサート 33 【誕生日②】

誕生日の贈りもの

誕生日会に、いろいろなお友だちがプレゼントを持って登場！　だれがどんな贈りものを持ってきてくれたのかな？

使う絵人形と準備するもの

➡ 型紙 P.172

演じる前の準備

・「たんじょうびおめでとう」の文字を折りたたんでおく※。

※たたみ方は P.6 参照。

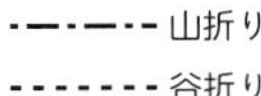

-・-・- 山折り
- - - - 谷折り

その他　・スタンド3個　・隠し台

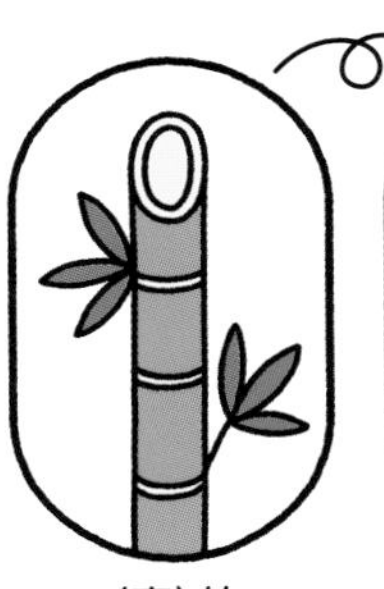

〈表〉桃　〈裏〉ももたろう　〈表〉花　〈裏〉おやゆび姫　〈表〉竹　〈裏〉かぐや姫

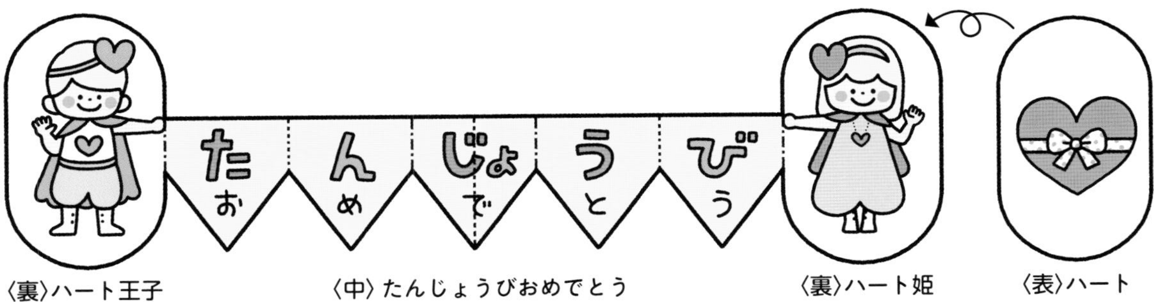

〈裏〉ハート王子　〈中〉たんじょうびおめでとう　〈裏〉ハート姫　〈表〉ハート

1

（桃を出す。）

保育者「みんな、今日の誕生日会に、お友だちがきてくれたんだ。だれだと思う？　ヒントは桃から生まれたあの人だよ！」

（子どもの答えを待つ。）

2

（桃を裏返して、ももたろうを見せる。）

ももたろう「正解は、せっしゃ、桃から生まれたももたろうでござる。桃をプレゼントに持ってきたでござる」

（ももたろうをスタンドに立てる。）

3

（花を出す。）

保育者「もうひとりゲストがいるの。花から生まれたお姫さまなの。わかるかな？」

（子どもの答えを待つ。）

4

（花を裏返して、おやゆび姫を見せる。）

おやゆび姫「答えは、花から生まれたおやゆび姫よ。プレゼントに花束を持ってきたの」

（おやゆび姫をスタンドに立てる。）

5

（竹を出す。）

保育者「それから竹から生まれたお姫さまもきてくれたわ。さあだれかな？」

（子どもの答えを待つ。）

6

（竹を裏返して、かぐや姫を見せる。）

かぐや姫「ホホホ、私は竹から生まれたかぐや姫ですよ。プレゼントにタケノコを持ってきましたのよ」

（かぐや姫をスタンドに立てる。）

7

（ハートを出す。）

保育者「最後に、誕生日をお祝いする気持ち、ハートから生まれたゲストもきてくれたよ」

8

（ハートを裏返して、ハート姫とハート王子を見せる。）

ハート姫・ハート王子「みんな、ハート姫とハート王子です。誕生日のお友だちのために、ハートのこもったプレゼントを持ってきたよ！」

（さらにひらいて文字を少しずつ見せていく。）

ハート姫・ハート王子「誕生日会のお祝いの旗でーす！」

9

（旗をすべてひらく。）

保育者「『たんじょうび　おめでとう』
わあ、たくさんお祝いしてもらうと、うれしいね。
みんなで心をこめて『おたんじょうび おめでとう』の言葉を贈ろうね」

お役立ちコラム②

絵人形を組み合わせて楽しもう

この本に出てくる絵人形を、作品の垣根を越えて組み合わせ、楽しんでみましょう。

例えば……
P.71「おめでたい七五三」で使う
みっくんやななちゃんを使って

みっくんが
節分に登場！

ななちゃんが
交通安全に
登場！

ほかにもいろいろ

交通ルールを説明したり……

口の動くペンギンと食べ物を組み合わせて、食育や栄養のはなしをしたり……

＋

動物の絵人形を組み合わせて、別のはなしを創作したり……

いろいろな絵人形があるので、
自由な発想で組み合わせて
アレンジを楽しんでください

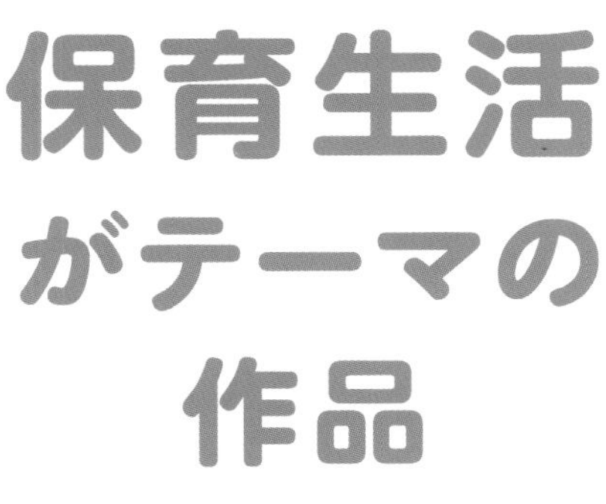
保育生活
がテーマの
作品

ペープサート 34【あいさつ】

おしゃべりペンギン

使う絵人形と準備するもの

➡ 型紙 P.174

その他
隠し台

おしゃべりをしているように口を動かせるペンペンと一緒に、一日のあいさつをしてみましょう。

-・-・- 山折り　- - - - - - - 谷折り　- - - - - 切り込み

朝日

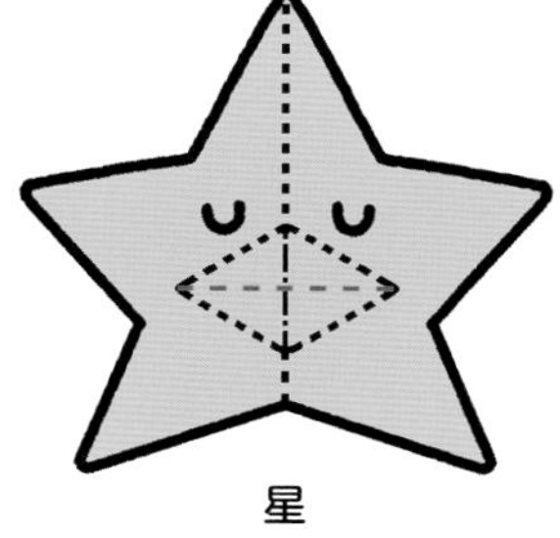
星

ぼうし

ペンペン

演じる前の準備

・ぼうしと魚の皿〈表〉・〈裏〉を貼れるように※しておく。
※貼り方は P.6

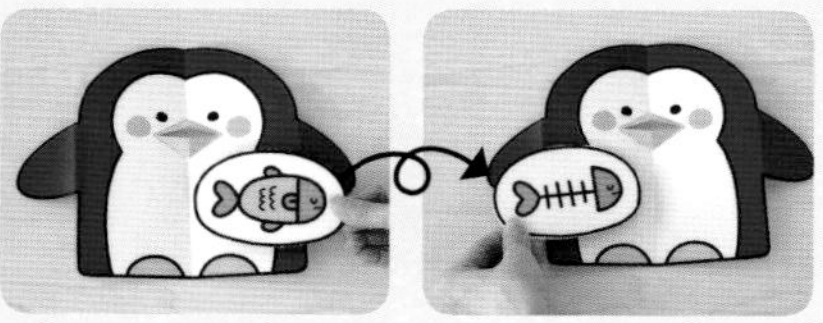

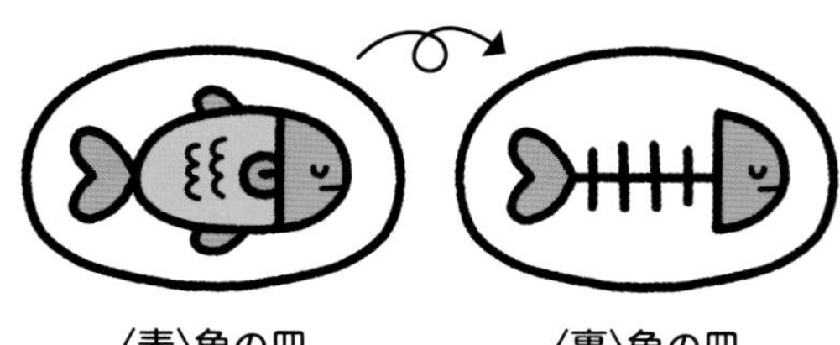
〈表〉魚の皿　〈裏〉魚の皿

1

（ペンペンを出す。）

保育者 「このペンギンは、おしゃべりペンギンのペンペンだよ」

（ペンペンのつばさを左右にのばしたり縮めたりして、口をパクパクさせる。）

ペンペン 「みんな、こんにちは。ぼく、ペンペン。どうぞよろしくね」

2

（ペンペンを置いて、朝日を出す。）

保育者「ペンペン、山から朝日がのぼってきたよ。朝のあいさつは、なんて言うんだっけ？」

3

（ペンペンの口をパクパクさせる。）

ペンペン「おはようございます！　だよ」

保育者「そのとおり！　じゃあ、みんなで一緒に言ってみようか。せーの！」

みんな「おはようございます！」

4

（朝日を隠し台にしまい、ペンペンにぼうしを貼る。）

保育者「さあ、園に行きましょう。ペンペン、出かけるときのあいさつはなんて言うんだっけ？」

ペンペン「行ってきまーす！　だよ」

保育者「そうだね。じゃあ、みんなで一緒に」

みんな「行ってきまーす！」

保育者「はい、行ってらしゃーい！」

5

（ぼうしをはがして、魚の皿〈表〉を貼る。）

保育者「あら、もうお昼ごはんの時間。ペンペンの大好きなお魚だよ。食べる前のあいさつは、なんて言うんだっけ？」

ペンペン「いただきまーす！　だよ」

保育者「そう、じゃあみんなで」

みんな「いただきまーす！」

保育者「どうぞ、召し上がれ」

6

（魚の皿を裏返して貼る。）

保育者「食べ終えたら、なんて言うんだっけ？」

ペンペン「ごちそうさまでした！　だよ」

保育者「では、一緒に」

みんな「ごちそうさまでした！」

7

（魚の皿をはがして隠し台にしまい、ぼうしを貼る。）

保育者「園から帰る時間ね。帰るときのあいさつはなんて言うんだっけ？」

ペンペン「さようなら！　だよ」

保育者「はい、一緒に」

みんな「さようなら！」

8

（ぼうしをはがして、隠し台にしまう。）

保育者「家に帰ったときのあいさつは、なんて言うんだっけ？」

ペンペン「ただいま！　だよ」

保育者「みんな一緒に」

みんな「ただいま！」

保育者「おかえりなさい」

9

（星を出す。）

保育者「一日が終わって、寝るときのあいさつはなんて言うんだっけ？」

（少し小さな声で言う。）

ペンペン「おやすみなさい、だよ」

保育者「そうね。じゃあ、みんなで」

みんな「おやすみなさい」

（星をパクパクさせる。）

星「おやすみなさい。また明日」

交通安全のやくそく

お散歩や遠足など、外に行くとき、交通安全の大事なやくそくを伝えるのに、役立つ作品です。

〈表〉信号機(赤)　〈裏〉信号機(青)

〈表〉車　〈裏〉車

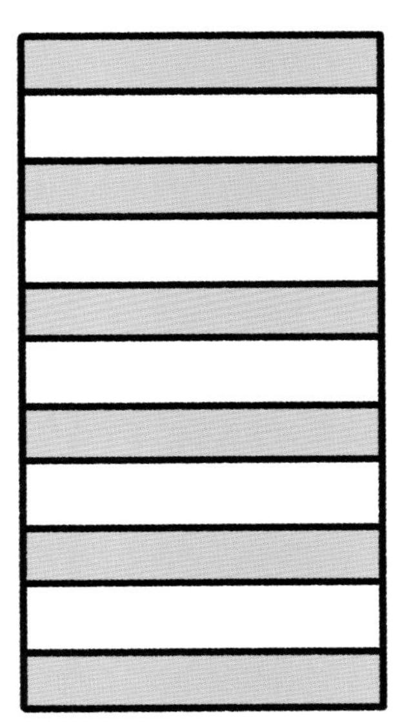

横断歩道

その他
・スタンド4個
・隠し台

演じる前の準備

・絵人形を準備しておく。

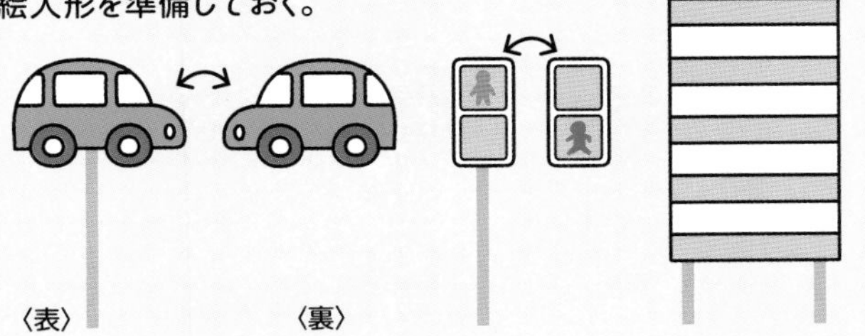

1

(横断歩道を出す。)

保育者「みんな、お散歩に出かけたとき、道路にある、シマシマ模様は見たことあるかな？
これは『横断歩道』っていってね、安全に歩くためにあるものなんだよ」

2

（左右を見て、手をあげる。）

保育者 「右見て、左見て、もう一度右を見て。車がこないのを確かめて、手をあげて渡ろうね。やくそく、やくそく」

3

（横断歩道をスタンドに立て、信号機（赤）を出す。）

保育者 「信号機のある横断歩道では、信号を見て、渡ろうね。今は赤がついているね。渡っていいのかな？」

4

（子どもの答えを待つ。）

保育者 「そう。渡ってはいけないね。横断歩道の信号が赤のときは、絶対渡ってはいけないよ。やくそく、やくそく」

5

（信号機を裏返して、青にする。）

保育者 「信号が青に変わったよ。渡っていいのかな？」

（子どもの答えを待つ。）

保育者 「そうだね。横断歩道の信号が青に変わったら渡ろうね。やくそく、やくそく」

（信号機をスタンドに立て、車を出す。）

保育者 「ブッブー、車だよ。車が走っている道には『飛び出さない』だよ。やくそく、やくそく」

7

（車を裏返す。）

保育者 「もうひとつ、車のやくそく。とまっている車の前や後ろでは『遊ばない』も守ろうね。やくそく、やくそく」

8

保育者 「車は急に動き出すことがあるからね。駐車場や車のある倉庫でも遊んじゃいけないよ。やくそく、やくそく」

9

（車をスタンドに立てる。）

保育者 「横断歩道、信号、車、お外に出るときは、いろいろなやくそくを守って安全に過ごそうね。やくそく、やくそく」

ペープサート36【食育／好き嫌い】

おいしく食べられるかな？

使う絵人形と準備するもの

➡ 型紙 P.176

実際に食べているように見えるしかけです。食べものの好き嫌い解消のヒントがつまっています。

- - - - - 切り込み

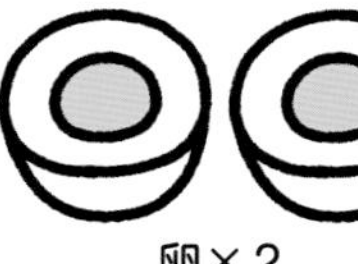

お肉×2　ブロッコリー×2　卵×2

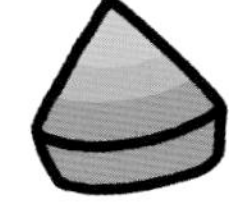

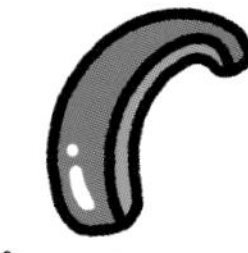

お魚　ニンジン　ピーマン

パックん

演じる前の準備

・パックんの口に切り込みを入れ、裏側をポケット状にしておく。

〈裏側〉

パックんの口のポケット

その他

・スタンド2個
・隠し台

1

保育者「今日はお友だちのパックんがきてくれたよ。パックんおいでー」

（パックんを出して、スタンドに立てる。）

パックん「ぼく、パックんだよ。食べるの大好き！ よろしくね。ああ、なんだかおなかがペコペコ」

2

保育者 「パッくん、お肉食べる？」
パッくん 「食べる、食べる！　お肉大好き！」
（パッくんの口の切り込みに、お肉を入れる。）

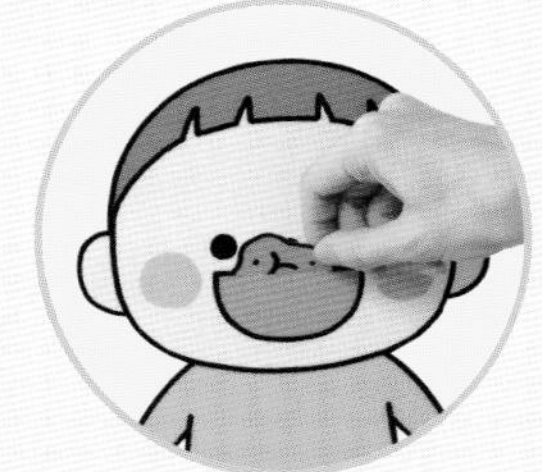

3

（ブロッコリーと卵を同じように入れる。）
保育者 「ブロッコリーをどうぞ」
パッくん 「ブロッコリーも大好き。パクパク！」
保育者 「卵もどうぞ」
パッくん 「卵も大好き。おいしいな、パクパク！」

4

（お魚を出す。）
保育者 「お魚は食べるかな？」
パッくん 「お魚、嫌ーい！　いやいや」

5

（ニンジンとピーマンを出す。）
保育者 「じゃあ、ニンジンとピーマンは？」
パッくん 「嫌い、嫌い、食べたくなーい！」

6

(困った顔をする。)

保育者 「どうして、嫌いなのかなあ？
どうしたら食べてくれるかなあ？　そうだ！」

7

(お肉と卵とニンジンを重ねて出す。)

保育者 「パックん、お肉と卵とニンジン、一緒に食べてみない？　いやな味がなくなるかもよ」

パックん 「う〜ん、じゃあちょっとだけね」

(パックんの口に、お肉と卵とニンジンを入れる。)

パックん 「あれ!?　ちがう味がするよ。
これなら少しずつ食べられそう」

8

(ピーマンとお魚とブロッコリーを重ねて、口に入れる。)

パックん 「ピーマンとお魚とブロッコリーを一緒に食べたら、お魚がおいしくなったよ」

9

保育者 「好き嫌いがあったら、無理はしないで、いろいろな組み合わせを試してみてね。ちがう味を発見して、好きになるかもしれないよ」

パックん 「そう、そう！　おいしく食べるのが大切だもんね！
みんなも楽しくおいしく、ごはんを食べてね」

ペープサート 37【歯みがき】

ムシバイキンのかくれんぼ

本物の歯ブラシを使うので、子どももイメージしやすくなります。歯みがきの大切さを、わかりやすく伝えましょう。

使う絵人形と準備するもの

➡ 型紙 P.177

- - - - - 切り込み

〈裏②〉影あっくん

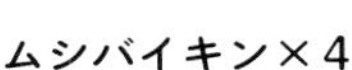

ムシバイキン×4

その他

- 歯ブラシ（本物）
- 隠し台

〈表〉あっくん

〈裏①〉キラキラあっくん

演じる前の準備

- キラキラあっくんの上に、影あっくんを貼っておく※。
- 切り込みを入れた影あっくんの歯に、ムシバイキンをひっかけておく（切り込みの位置は自由に入れてOK）。

※貼り方はP.6参照。

1

（歯ブラシを出す。）

保育者「みんな、ごはんを食べたあとは、しっかり歯ブラシで歯をみがいて、ムシバイキンをやっつけている？」

2

（あっくんを出す。）

保育者「あら、あっくん、ごはん終わったの？　じゃあ、歯ブラシで歯みがきしなくちゃね」

3

あっくん「ぼく、早く遊びに行きたいから、歯みがきはしないよ」

保育者「ええっ、でも、口の中からなにか聞こえるよ。なになに『しめしめ、虫歯を作るチャンスだ。ヒヒヒ』だって！　大変よ、あっくん!!」

4

（あっくんを裏返す。）

保育者「わあ！　あっくん、口の中にはムシバイキンがいっぱい！　かくれんぼのように隠れていたよ！」

ムシバイキン「イヒヒヒ、食べもののカスで歯を溶かして、虫歯をじゃんじゃん作ろうぜ」

あっくん「えー、虫歯になったら困るよー」

5

保育者「よし、歯ブラシで口の中をきれいにして、かくれんぼしていたムシバイキンをやっつけよう！」

6

（歯ブラシでムシバイキンを落としていく。）

保育者 「ゴシゴシ、シュッシュッ。ムシバイキン、いなくなれ！」

ムシバイキン 「やめてくれー！　助けてー！」

7

（ムシバイキンをすべて落とす。）

保育者 「歯のすき間もしっかりみがいて、ゴシゴシゴシ」

8

（影あっくんをはがして、キラキラあっくんを見せる。）

あっくん 「ああ、口の中がさっぱりして、歯もピカピカ。気持ちがいいな」

9

保育者 「みんなも食事のあとは、歯ブラシを使って、しっかり歯みがきしようね」

あっくん 「はーい。ぼくも歯みがきをがんばるから、みんなも一緒にムシバイキンをやっつけようね」

ペープサート 38【絵本の時間】

絵本くんの冒険

絵本のミリョクを、絵本くんが教えてくれます。絵本の読み聞かせの導入にぴったりです。

使う絵人形と準備するもの

→ 型紙 P.178

演じる前の準備

・表と裏を貼り合わせ、折りたたんでおく。

－・－・－ 山折り　－－－－－－－ 谷折り

〈表〉

絵本くん　王子さまとお姫さま　かいじゅう　海　山

〈裏〉

笑顔　泣き顔　驚いた顔　目と耳を向ける

1

（絵本くんを出す。）

保育者「みんな、こちらは絵本くん」

絵本くん「ぼく、絵本くん、よろしくね。
ぼくをひらくとね……」

2

（王子さまとお姫さま、かいじゅうのページをひらく。）

絵本くん　「遠い国の王子さまやお姫さまになって、不思議でワクワクする出来事にあったり……」

3

絵本くん　「見たこともない大きな大きなかいじゅうと、友だちになれたり……」

4

（海と山のページをひらく。）

絵本くん　「いろんな冒険ができるんだ。広い海も、イルカに乗ってスーイスイ、ジャーンプ！」

5

絵本くん　「高い山の頂上にも、ヨイショ、ヨイショ、到着だ！」

6

（折りたたんで、笑顔のページを出す。）

絵本くん 「楽しいおはなしで笑ったり、ワハハハハー」

7

（泣き顔と驚いた顔のページをひらく。）

絵本くん 「悲しいおはなしで泣いて、エーンエーン。怖いおはなしでビックリしたり……いろいろな気持ちになれるよね」

8

（目と耳を向けるページをひらく。）

絵本くん 「さあ、これから先生に絵本を読んでもらおうね」

9

保育者 「みんな、目と耳をこっちへ向けてね。さあ、今日はどんなおはなしが始まるのかな？」

ペープサート 39【お昼寝】

おふとんさんが待ってるよ

使う絵人形と準備するもの

➡ 型紙 P.180

ふかふかのおふとんに入ると、気持ちよくって、きっと楽しい夢を見られるはず。お昼寝前に楽しみたい作品です。

女の子

その他
隠し台

おふとんさん

〈表〉かけぶとん

〈裏〉かけぶとん

演じる前の準備

- かけぶとんの〈表〉〈裏〉を貼れるように※しておく。最初は〈表〉を前にして貼っておく。

※貼り方は P.6 参照。

1

（かけぶとん〈表〉を貼ったおふとんさんを出す。）

保育者「おやおや、おふとんさん、さみしそうな顔をしてどうしたの？」

おふとんさん「お昼寝の時間だけど、だれも眠りにきてくれないの」

2

おふとんさん 「私の中で寝ると、すっごく気持ちがいいよ。それからね……」

3

（かけぶとんを下にずらして、とりを見せる。）

おふとんさん 「とりと一緒に空を飛ぶ夢を見られるかもしれないよ。それから、それから……」

4

（さらにかけぶとんを下にずらして、花畑を見せる。）

おふとんさん 「お花がいっぱい咲いている、広い野原へピクニックに出かける夢を見られるかもしれないし……」

5

（かけぶとんを下にずらして、土の中を見せる。）

おふとんさん 「あ、土の中では、もぐらやありも眠っているよ。どんな夢を見ているのかな？」

6

（再びかけぶとんを貼り、女の子を出す。）

保育者 「あっ、おふとんさん、眠そうな女の子がやってきたよ」

女の子 「ふぁ〜眠くなっちゃった。このおふとんで寝てもいい？」

おふとんさん 「待っていたよ。どうぞ」

7

（女の子を、おふとんさんとかけぶとんの間に入れる。）

女の子 「わあ、気持ちいい。すやすやすや……」

8

（かけぶとんを裏返して貼る。）

保育者 「女の子はすやすや。あら、空を飛んでいる夢でも見ているのかな？」

9

保育者 「さあ、みんなもおふとんさんが待っているから、お昼寝しようね。きっとおふとんさんが楽しい夢を見せてくれるよ。おやすみなさい」

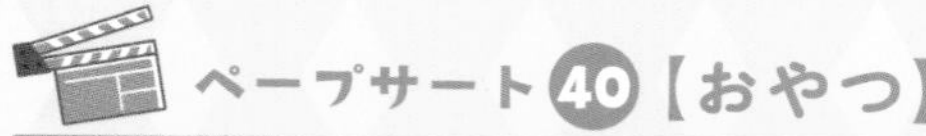

ペープサート40【おやつ】

おやつなぞなぞ

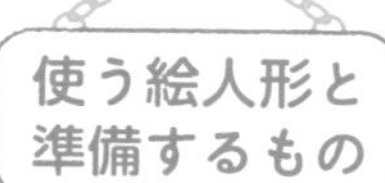

使う絵人形と準備するもの

➡ 型紙 P.181

演じる前の準備

絵人形を
準備しておく。

その他 ・スタンド4個 ・隠し台

みんなが大好きなおやつが出てくる、おやつなぞなぞ。
どんなおやつが出てくるかな？

〈表〉ぼうしの子

〈裏〉プリン

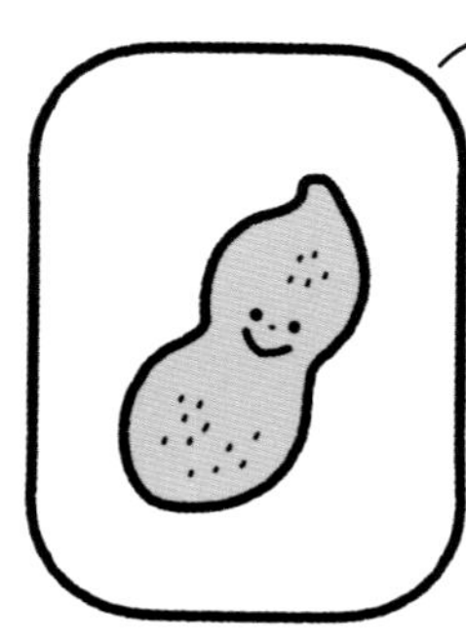

〈表〉ピーナツ

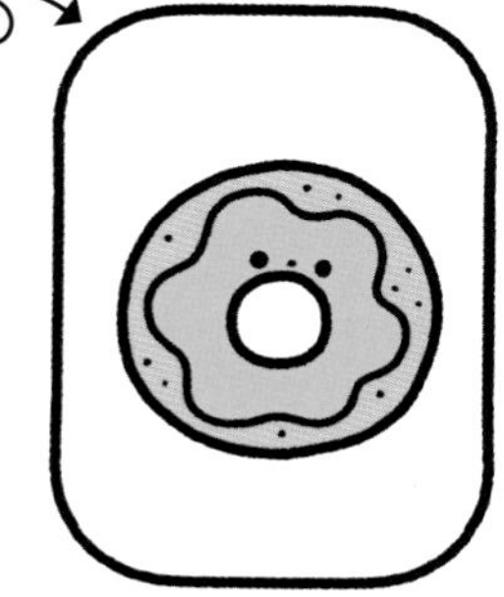

〈裏〉ドーナツ

〈表〉タイヤの木

〈裏〉たい焼き

〈表〉10

〈裏〉まんじゅう

1

（ぼうしの子を出す。）

保育者 「みんなが楽しみにしているおやつの時間。これから、おやつなぞなぞを出すから、考えてみてね。第１問！　頭にいつも茶色のぼうしをかぶっていて、顔はクリーム色のおやつはなあんだ？」

（子どもの答えを待つ。）

2

（裏返して、プリンを見せる。）

保育者 「答えは、プルプルン、プリンでした！」

（プリンをスタンドに立てる。）

3

（ピーナツを出す。）

保育者 「第2問！ 『ナツ』って言葉はつくけれど、ピーナツじゃなくて、丸くて穴があいているおやつはなあんだ？」

（子どもの答えを待つ。）

4

（裏返して、ドーナツを見せる。）

保育者 「答えは、ドンドン、ドーナツでした！」

（ドーナツをスタンドに立てる。）

5

（タイヤの木を出す。）

保育者 「第3問！ タイヤがなっている木のような、あんこがたっぷりつまったおやつはなあんだ？」

（子どもの答えを待つ。）

6

（裏返して、たい焼きを見せる。）

保育者 「答えは、ほかほか、たい焼きでした！」

（たい焼きをスタンドに立てる。）

7

（10を出す。）

保育者 「第4問！　最後の問題だよ。ひとつでも、10個あるように聞こえる、まあるいおやつはなあんだ？」

8

（裏返して、まんじゅうを見せる。）

保育者 「答えは、まるまる、まんじゅうでした！」

（まんじゅうをスタンドに立てる。）

9

（おやつを並べる。）

保育者 「プリンにドーナツ、たい焼きにまんじゅう、みんなはどれが好きかな？　さあ、今日のおやつはなんだろう。楽しみだね」

楽譜

ペープサート1「こぶたぬきつねこ」
コブタヌキツネコ　作詞・作曲／山本 直純
1.
2.
こ ぶ た (こ ぶ た) た ぬ き (た ぬ き) き つ ね (き つ ね) ね こ (ね こ) ブ ブ オ (ニャー オ) こ ぶ
ブー (ブー ブブー) ポンポコ ポン (ポンポコポン) コ ン コン (コ ンコン) ニャー
た (こ ぶ た) た ぬ き (た ぬ き) き つ ね (き つ ね) ね こ (ね こ) ブ ブ オ (ニャー オ)
ブー (ブー ブブー) ポン ポコ ポン (ポンポコポン) コ ン コン (コ ンコン) ニャー
ペープサート6「ぞうくんと不思議なハナ」
小鳥のうた　作詞／与田 準一　作曲／芥川 也寸志
1. こ とり は とっ て も う たが すき かあ さ んよ ぶの も う たで よぶ
2. こ とり は とっ て も う たが すき とう さ んよ ぶの も う たで よぶ
ピ ピ ピ ピ ピ チ チ チ チ チ ピ チク リ ピイ
ペープサート8「ぶーぶーぶー」
ぶーぶーぶー　(わらべうた)
1. ぶー ぶー ぶー たしかに きこえる ぶたのこ え
2. めー めー めー たしかに きこえる やぎのこ え
3. ちゅん ちゅん ちゅん たしかに きこえる とりのこ え

ペープサート⑦「世界中のこどもたちが」

世界中のこどもたちが

作詞／新沢 としひこ　作曲／中川 ひろたか

ペープサート⑭「迷子の流れ星」

たなばたさま

作詞／権藤 はなよ　補詞／林 柳波　作曲／下総 皖一

型紙

型紙は200%拡大コピーをして
使用してください。

型紙ページP.178〜P.179の
「絵本くんの冒険」のみ
250%拡大コピーして使用してください。

ペープサート❶

P.10～P.11 こぶたぬきつねこ

200% 拡大

200%拡大をして使用してください。

-・-・- 山折り

- - - - 谷折り

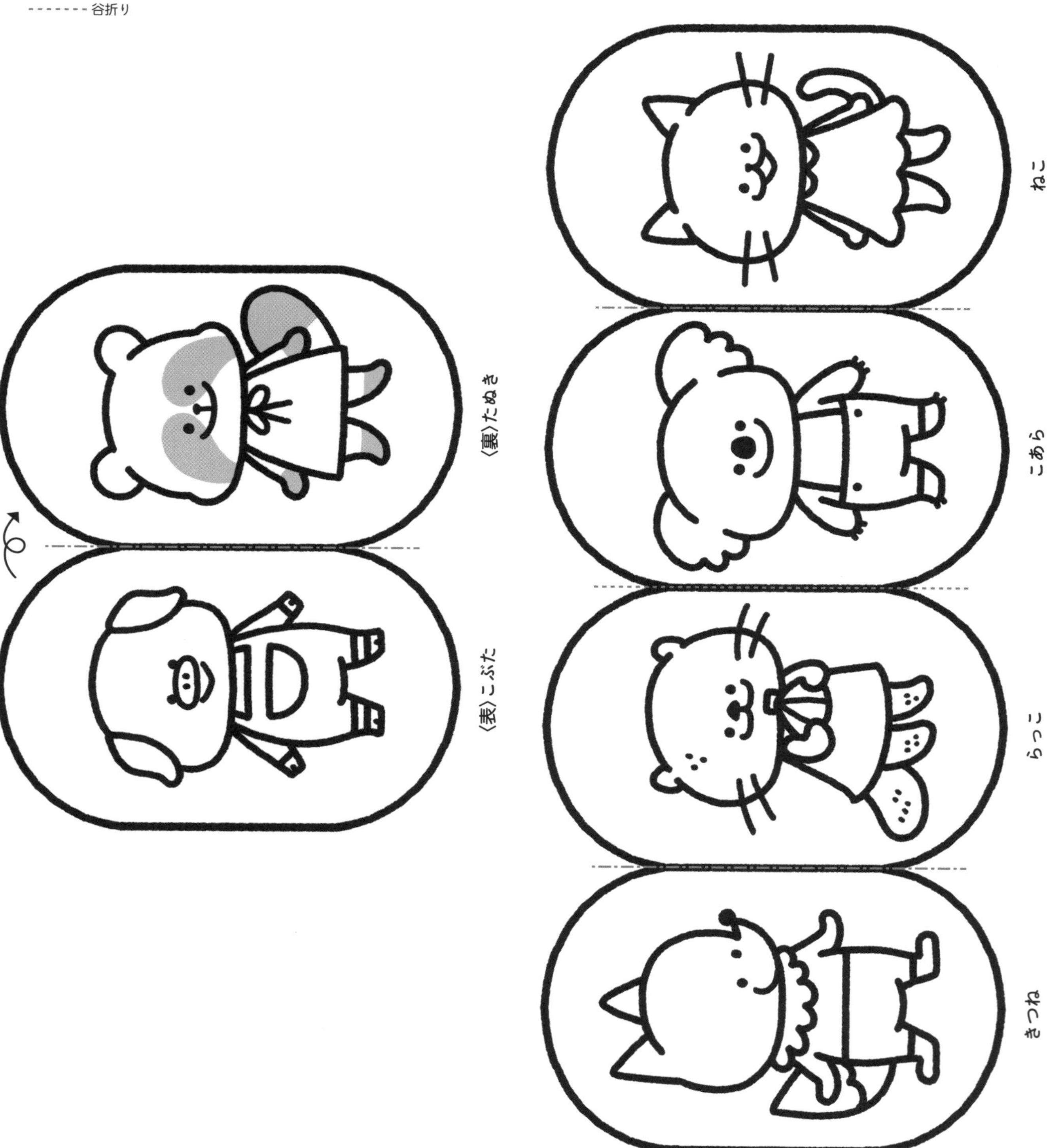

ペープサート❷

P.12〜P.13 さんかくのおいしいものなあに？

200%拡大

200%拡大をして使用してください。

- ・－・－・－ 山折り

型紙

ペープサート❸

P.14〜P.15 カレーライスにかくれんぼ

200%拡大

200%拡大をして使用してください。

——— 切る

カレーライス③（向かって左）

カレーライス②（真ん中）

カレーライス①（向かって右）

カラス・カイ・イス

ペープサート❹

P.16〜P.17 グー、チョキ、パーあそび

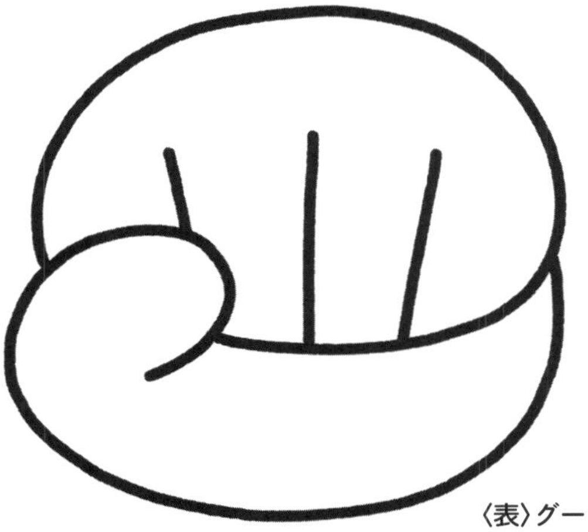

〈表〉グー

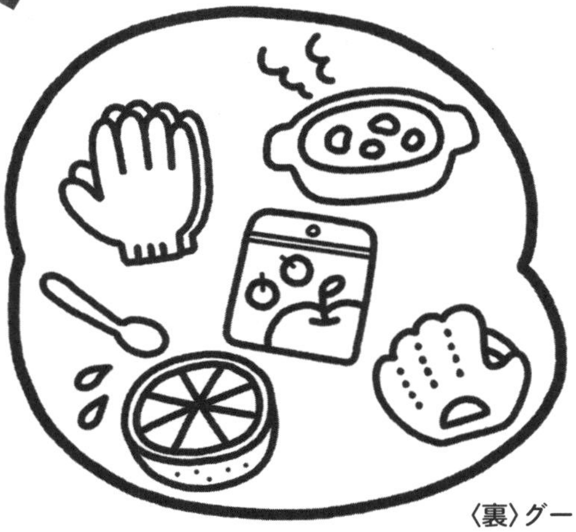

〈裏〉グー

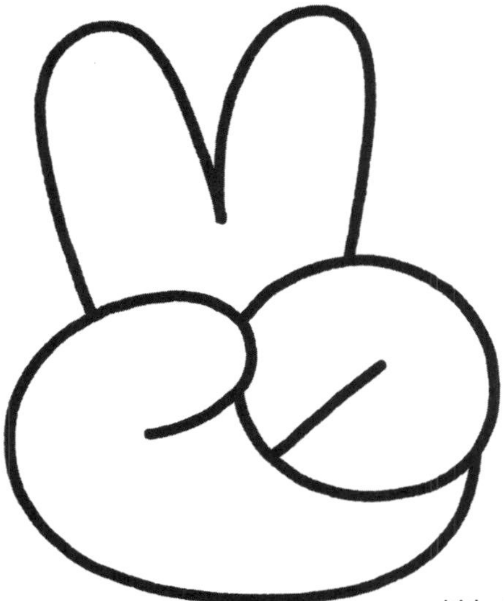

〈表〉チョキ

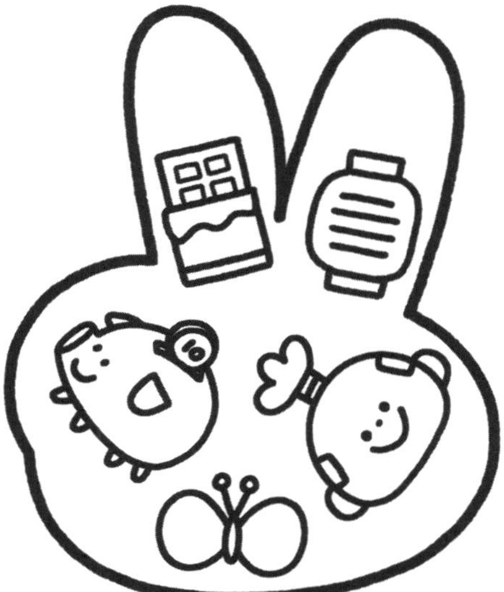

〈裏〉チョキ

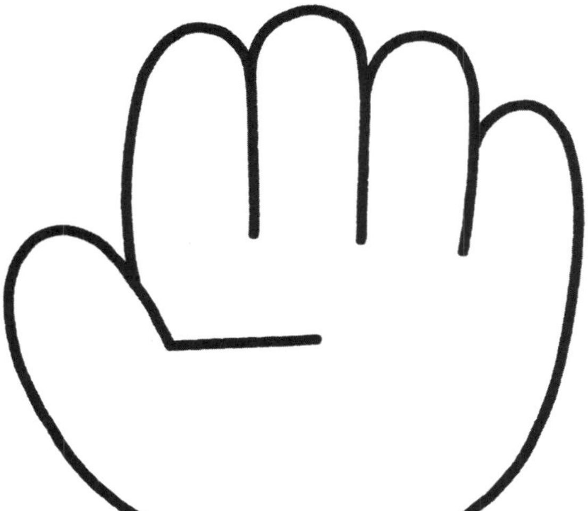

〈表〉パー

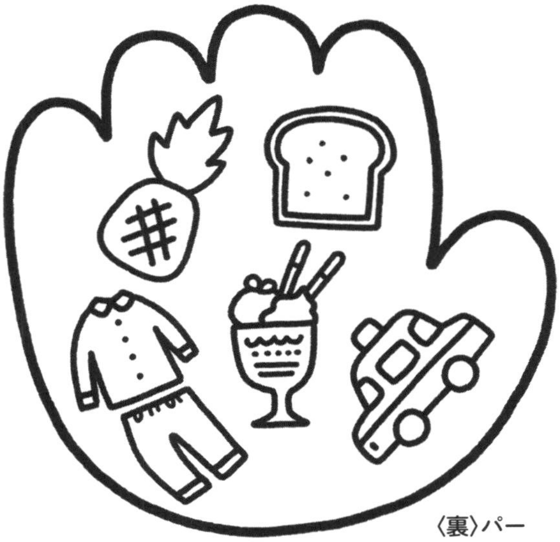

〈裏〉パー

型紙

ペープサート❺

P.18〜P.19

たまご大変身！

200% 拡大

200%拡大をして使用してください。

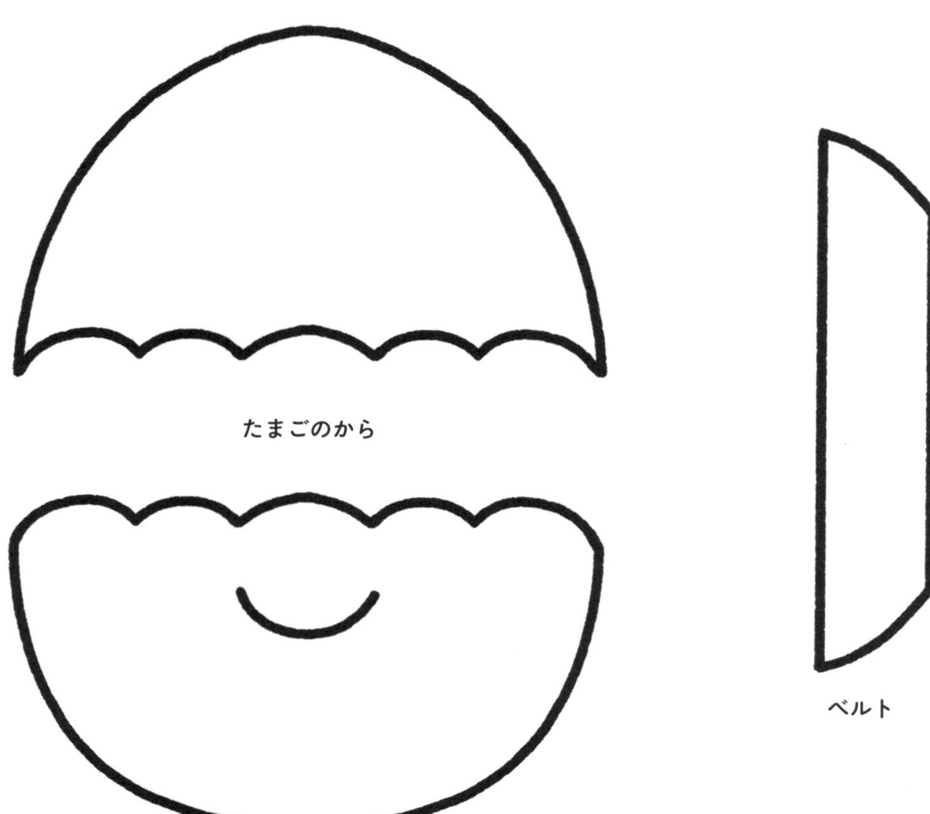

たまごのから

ベルト

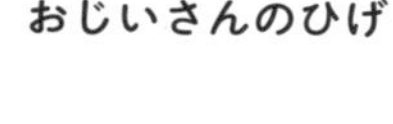

おじいさんのひげ

たこ

ペープサート 6

P.20～P.21 ぞうくんと不思議なハナ

-・-・-・- 山折り
------- 谷折り

のりしろ

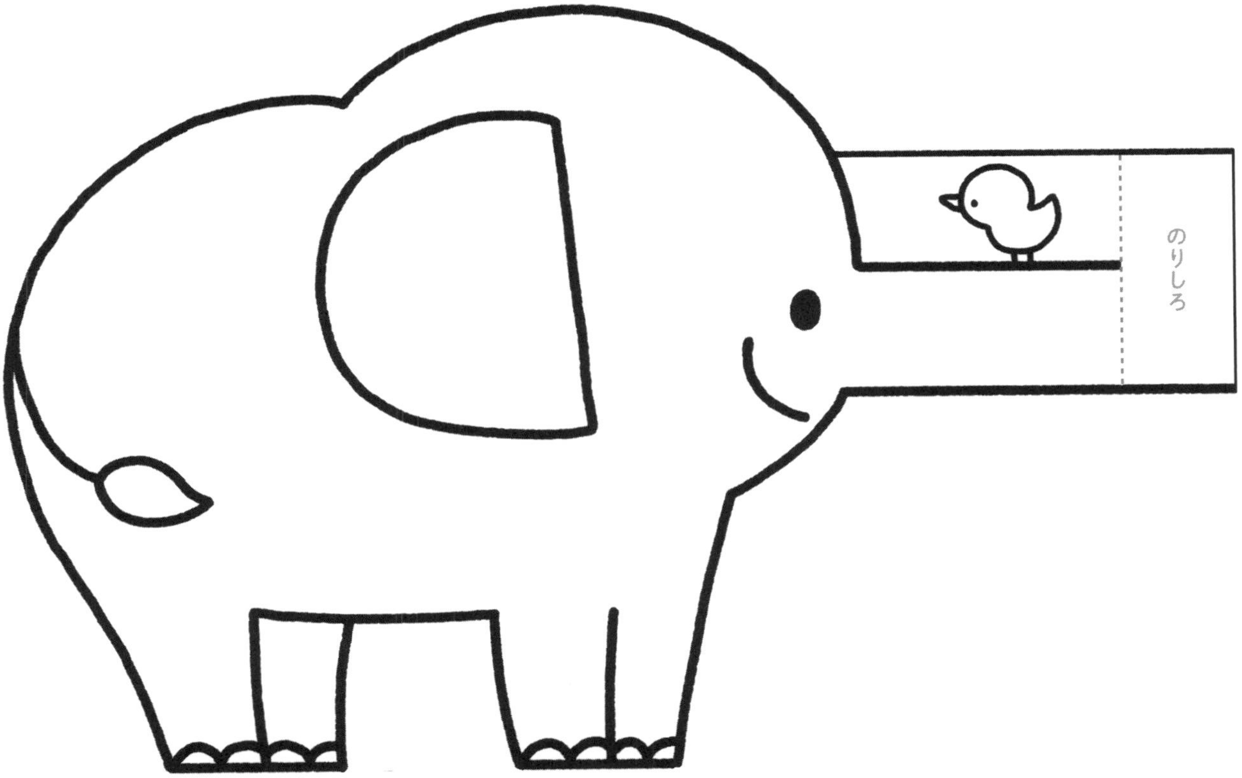

ぞうくん

P.20～P.21 ぞうくんと不思議なハナ

200% 拡大

200%拡大をして使用してください。

-------- 谷折り

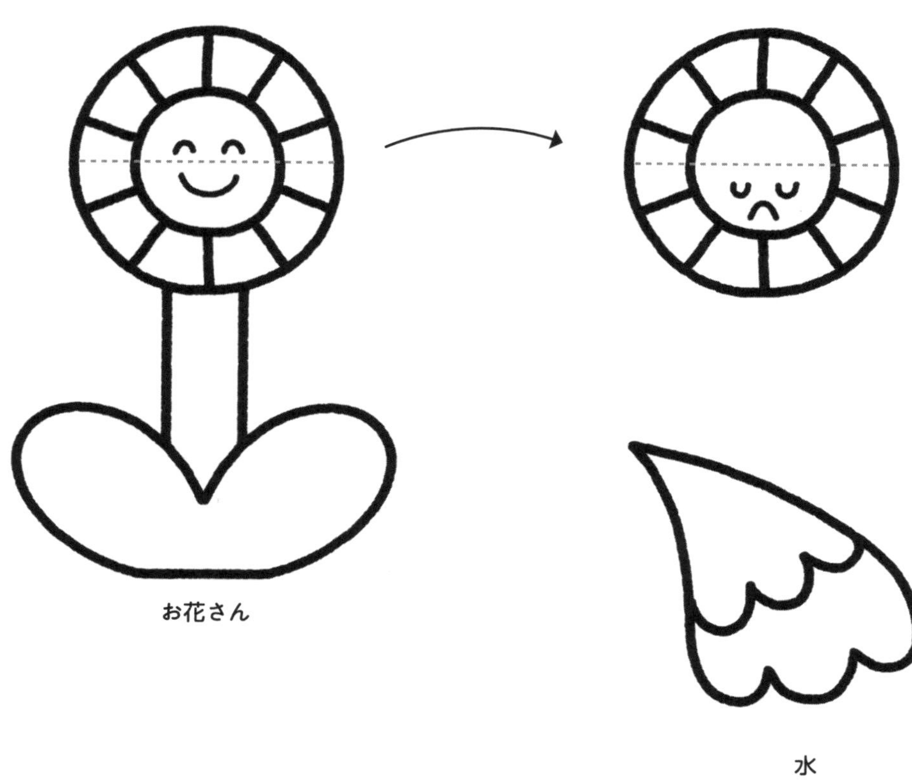

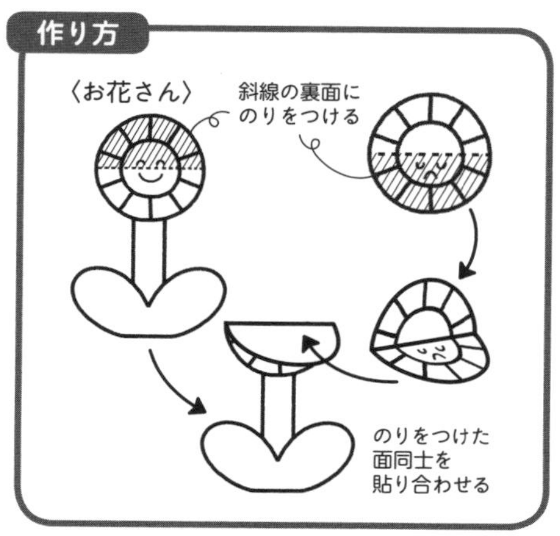

ペープサート7

P.22～P.23

世界中のこどもたちが

200%拡大

200%拡大をして使用してください。

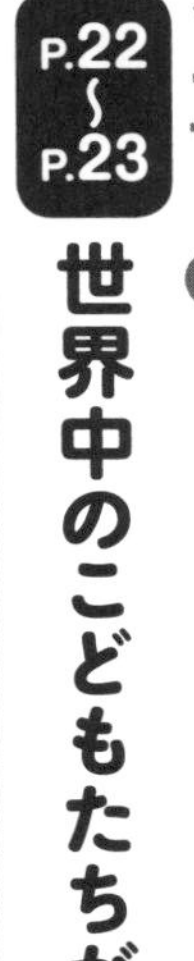

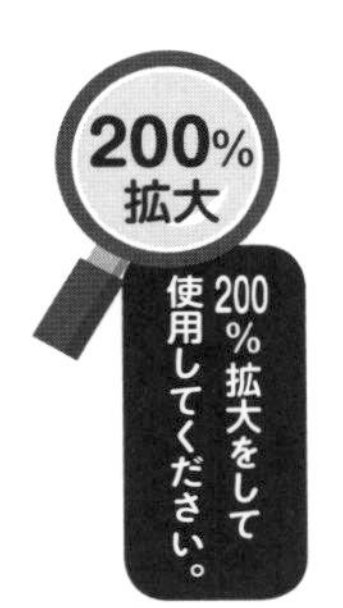

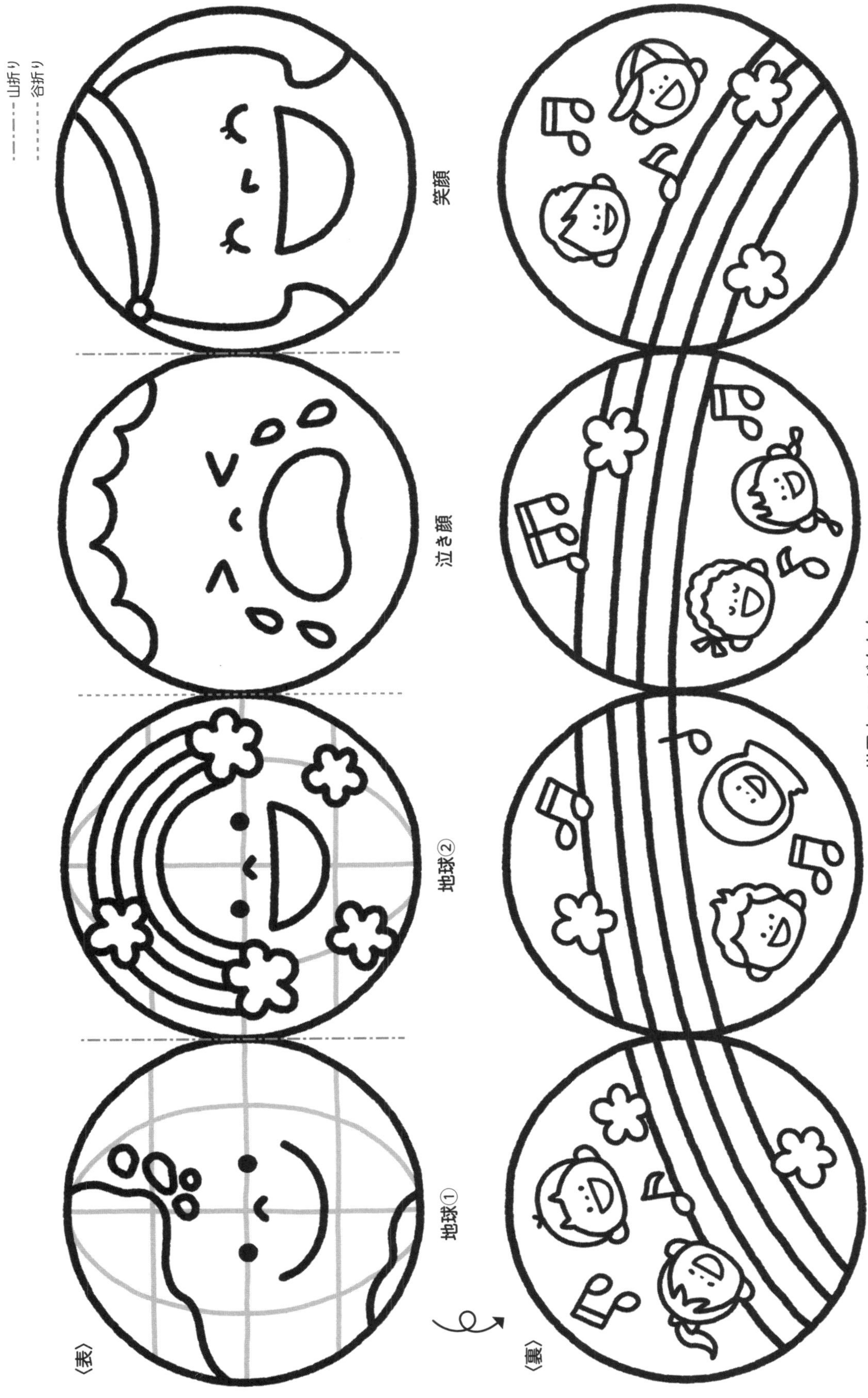

山折り
谷折り
笑顔
泣き顔
地球②
地球①
〈表〉
世界中のこどもたち
〈裏〉

P.24～P.26 ぶーぶーぶー

やぎの頭

〈表〉ぶた

やぎのひげ

ぶたの鼻

〈裏〉とり

とりのはね

ペープサート 9

P.28～P.30 今日はワクワク入園式

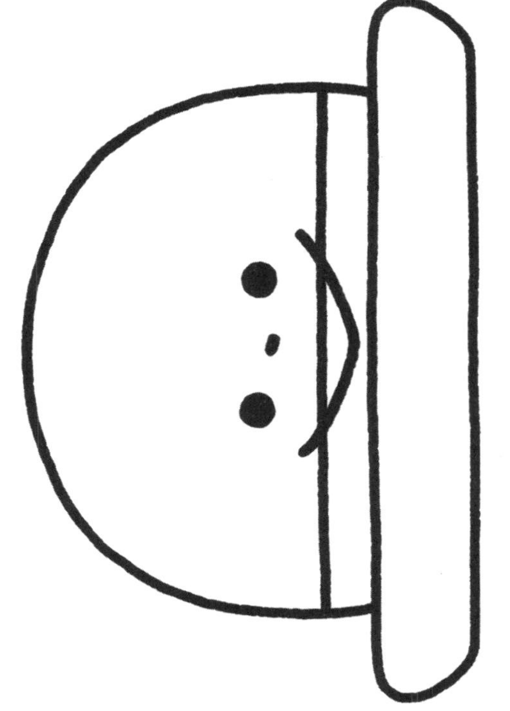

〈表〉ぼうしちゃん

〈裏〉桜

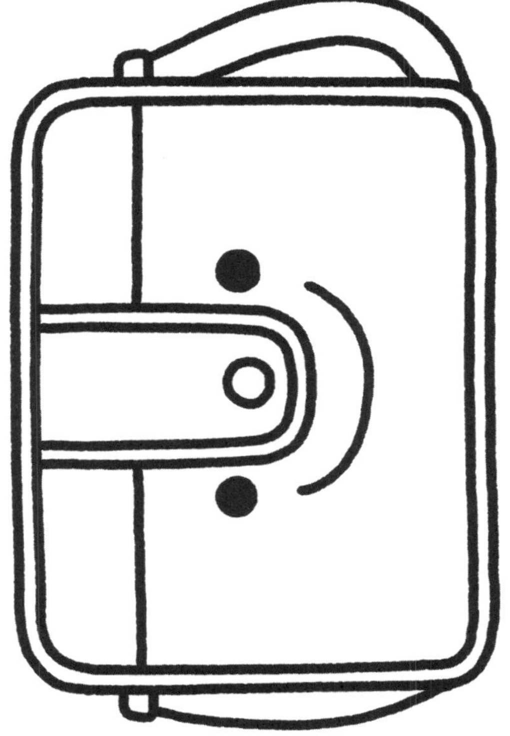

〈表〉かばんくん

〈裏〉園

ペープサート⑩

P.31～P.33 かぶととこいのぼり

200% 拡大

200%拡大をして使用してください。

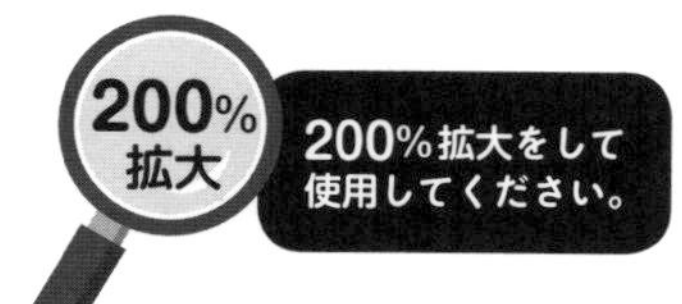

-・-・-・- 山折り

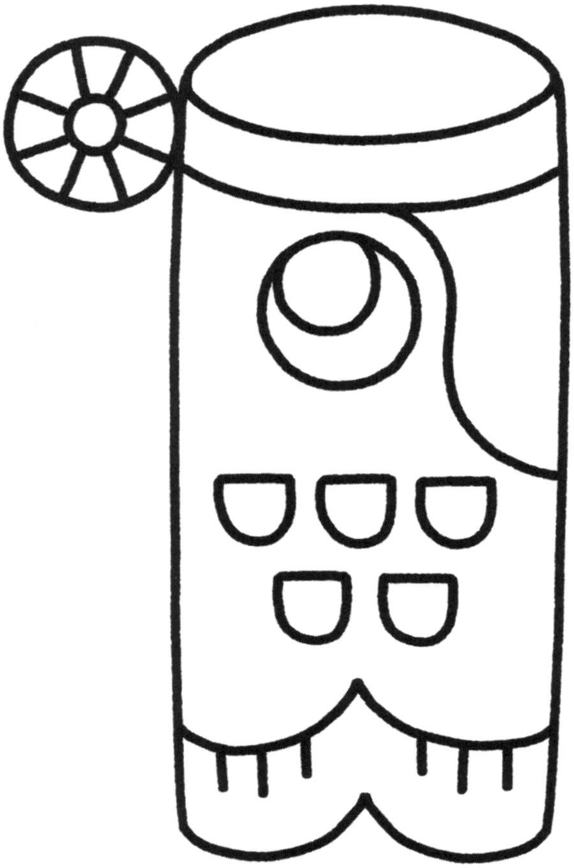

〈表〉こいのぼりさん

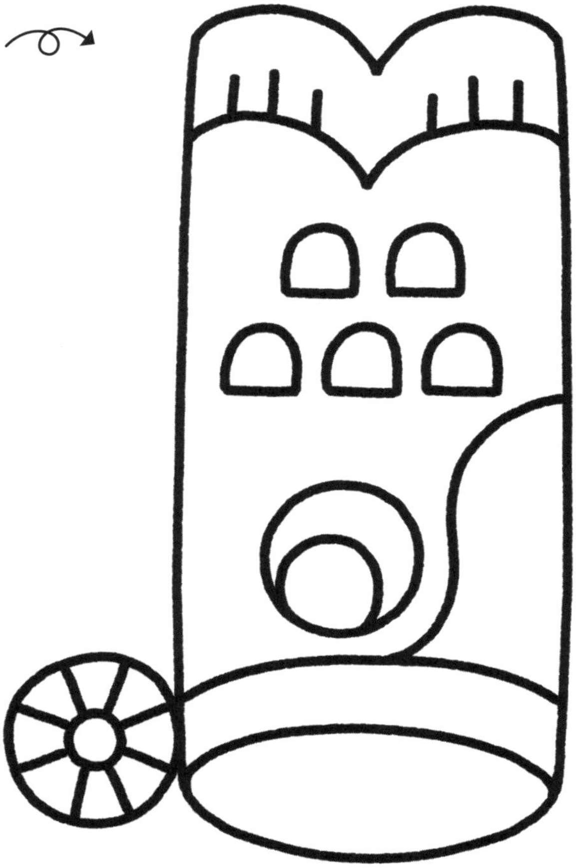

〈裏〉こいのぼりさん

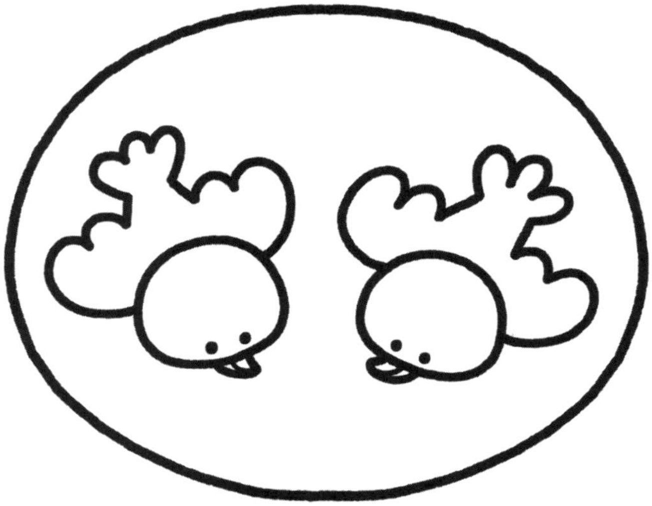

とりさん

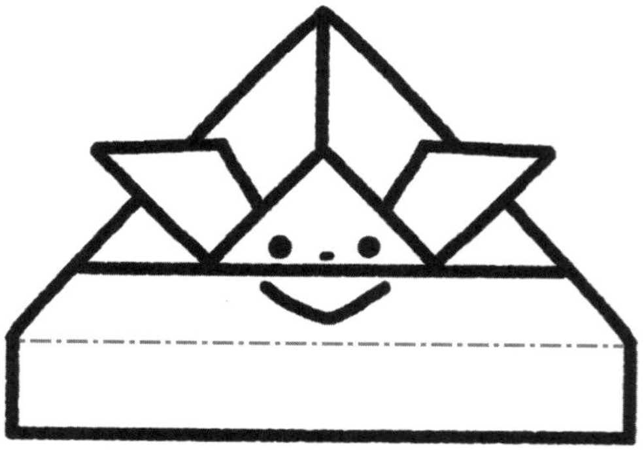

かぶとくん

ペープサート⑪

P.34～P.36 リッちゃんとサッくん

※水筒とリュックは好きな柄を描いて楽しんでください。

リッちゃん

リッちゃんのタオル

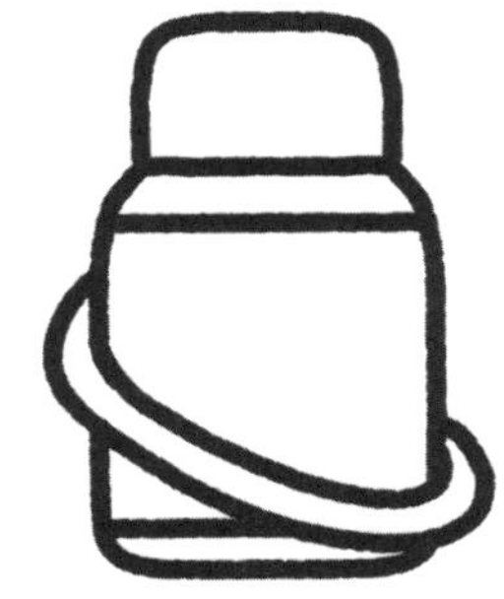

リッちゃんの水筒

サッくんのタオル

サッくんの水筒

おべんとう

サッくん

ペープサート⑫

P.37〜P.39

傘ちゃんとてるてる坊主くんのケンカ

〈表〉傘ちゃん

〈表〉てるてる坊主くん

〈裏〉傘ちゃん

〈裏〉てるてる坊主くん

ペープサート⑬

P.40～P.42

大きなお友だちとプールあそび

クーくん

潮

ペープサート⑬

P.40～P.42 大きなお友だちとプールあそび

200%拡大をして使用してください。

アッくん

——— 切り込み

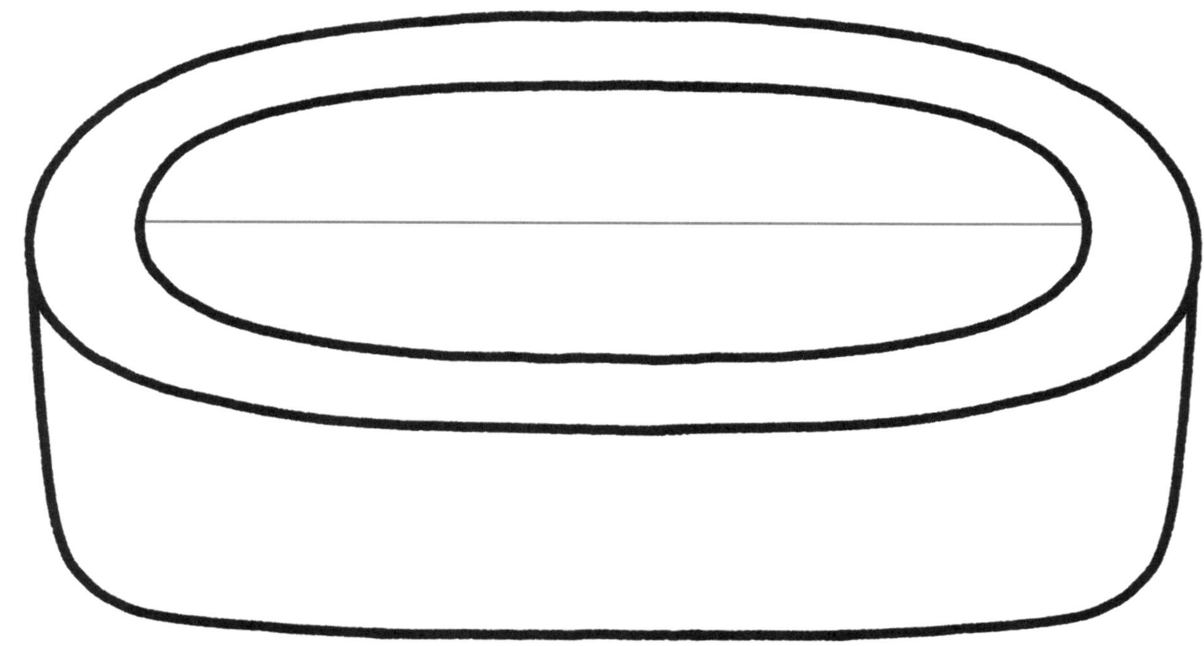

プール

迷子の流れ星

〈表〉流れ星ちゃん　〈裏〉流れ星ちゃん

笹飾り①

笹飾り②

笹飾り③

お母さん流れ星

笹

P.46～P.48

スイカの夏休み

200%拡大をして使用してください。

木

ぼうし

シマオ

セミ

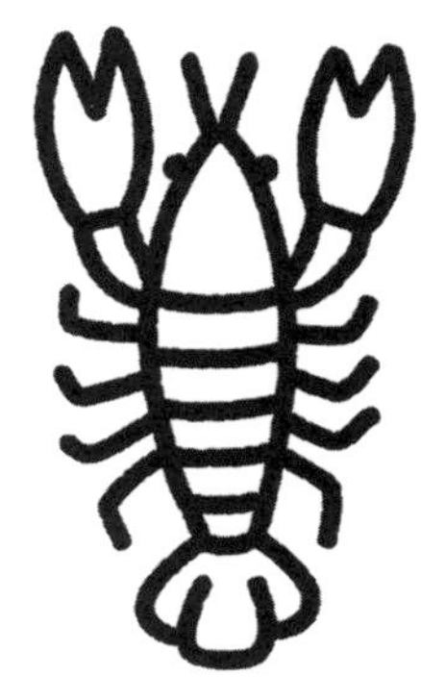

ザリガニ

ペープサート⑮

P.46～P.48 スイカの夏休み

-・-・- 山折り
------- 谷折り

冷蔵庫

ペープサート⑯

P.49～P.51 おもちゃの夏祭り

200% 拡大　200%拡大をして使用してください。

P.52～P.54 お盆ってなあに？

ナスさん

キュウリくん

ナスさんのあし

キュウリくんのあし

火

おがら

P.55～P.57 「お・か・し・も」を守ろう

おおかみ

しか

ももんが

かめ

おかしも

お　か　し　も

P.58～P.60 お月さまとホットケーキ

200%拡大

200%拡大をして使用してください。

ペープサート⑳

P.61〜P.63 おいもとモグラさん

〈表〉よいおじいさん

〈裏〉よいおじいさん

おいも

おいもとモグラさん

ペープサート 20

P.61～P.63 おいもとモグラさん

200%拡大をして使用してください。

- ・ー・ー・ 山折り
- - - - - - - 谷折り

〈表〉よくばりなおじいさん

〈裏〉よくばりなおじいさん

ペープサート㉑

P.64～P.67 ばけっこ運動会

-------- 谷折り

キツネさんのメダル

タヌキくんのメダル

ペープサート㉑

P.64〜P.67 ばけっこ運動会

200% 拡大　200%拡大をして使用してください。

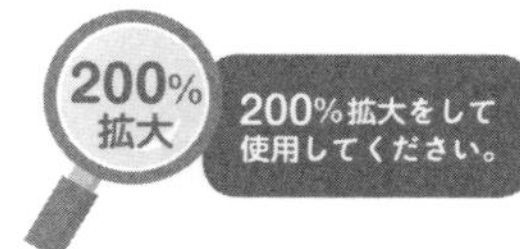

-・-・-・ 山折り
- - - - - - 谷折り

〈表〉

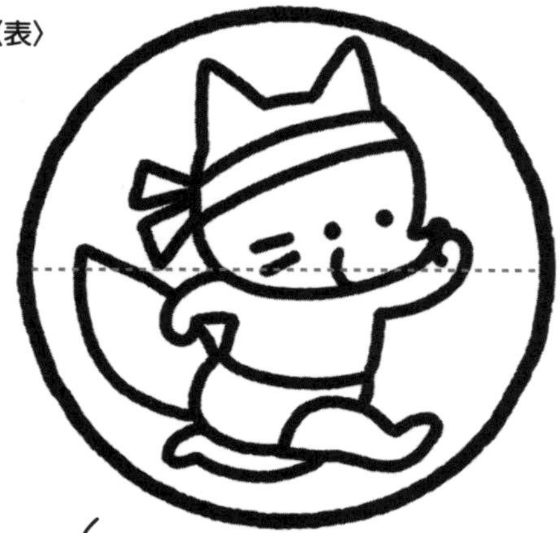

めくると

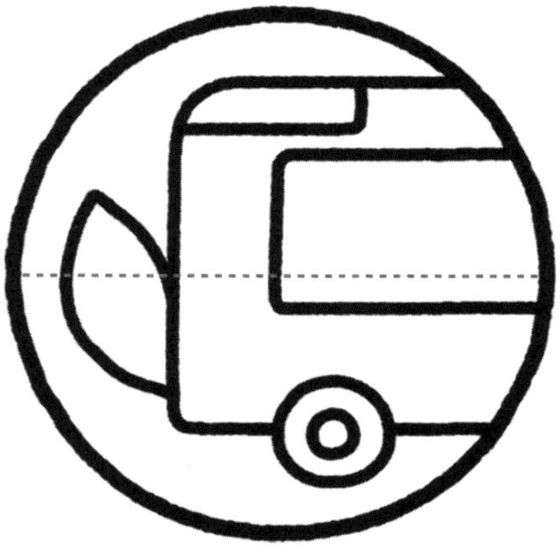

キツネさん　　救急車の後ろ

〈裏〉

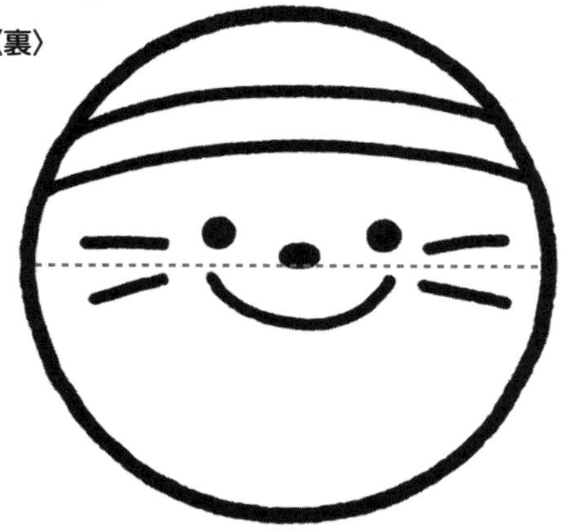

めくると

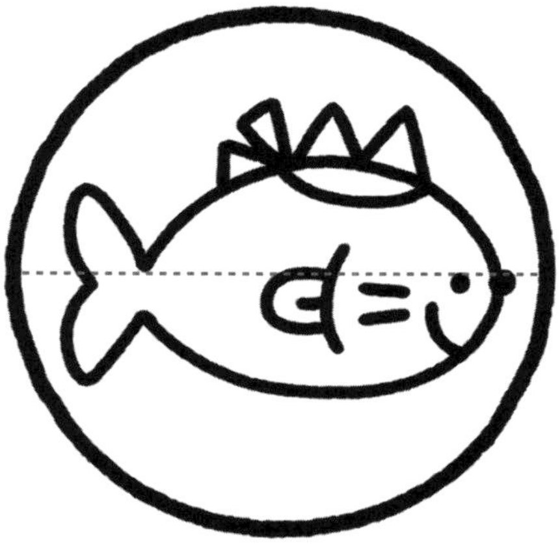

キツネさんの大玉　　魚

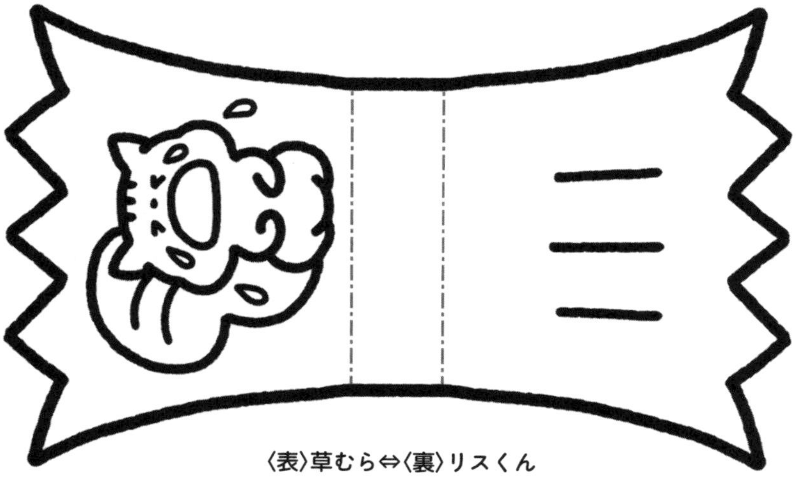

〈表〉草むら⇔〈裏〉リスくん

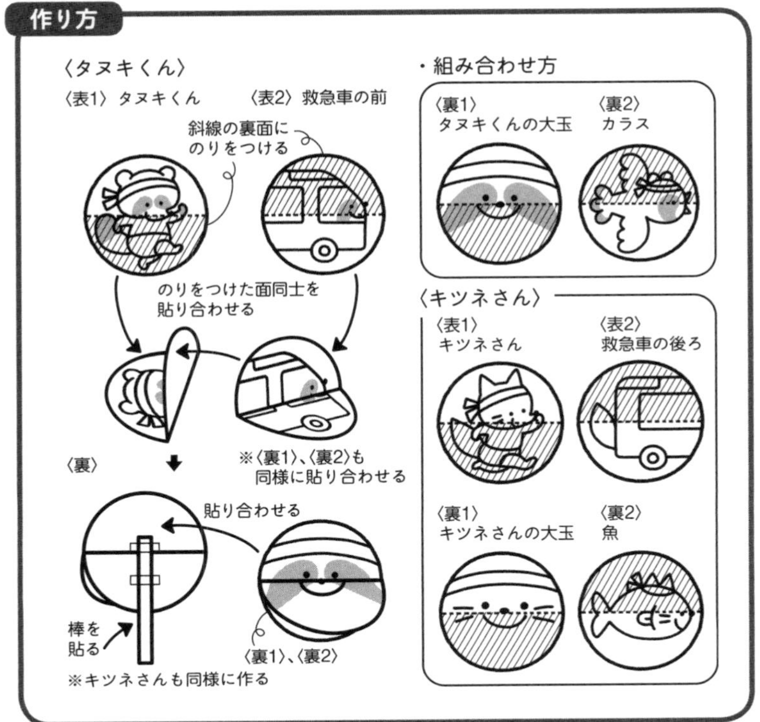
作り方
〈タヌキくん〉
〈表1〉タヌキくん
〈表2〉救急車の前
斜線の裏面にのりをつける
のりをつけた面同士を貼り合わせる
〈裏〉
※〈裏1〉、〈裏2〉も同様に貼り合わせる
貼り合わせる
棒を貼る
〈裏1〉、〈裏2〉
※キツネさんも同様に作る
・組み合わせ方
〈裏1〉タヌキくんの大玉
〈裏2〉カラス
〈キツネさん〉
〈表1〉キツネさん
〈表2〉救急車の後ろ
〈裏1〉キツネさんの大玉
〈裏2〉魚

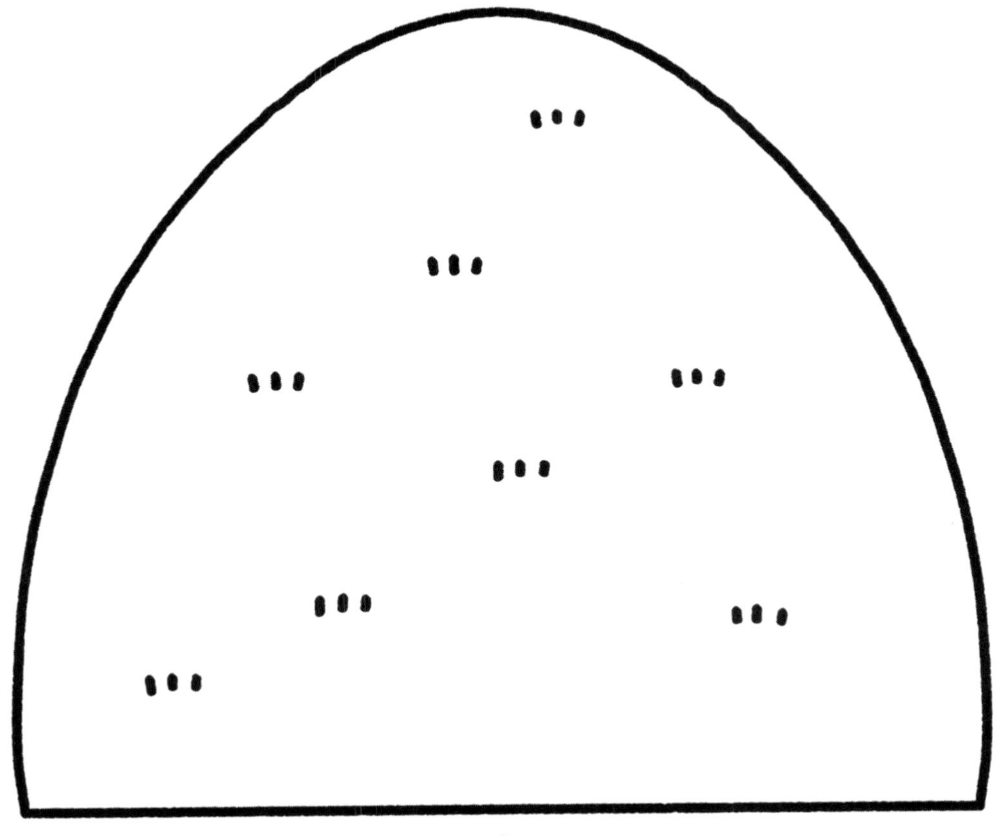

山

型紙

P.68～P.70

ハロウィンおばけの正体は !?

200%拡大

200%拡大をして使用してください。

ペープサート㉓

P.71～P.73

おめでたい七五三

〈表〉みっくん

〈裏〉みっくん

千歳あめ

〈表〉ななちゃん

〈裏〉ななちゃん

千歳あめ

P.74～P.76

みんなのためにありがとう！

〈表〉ゴミ収集作業員

〈裏〉ゴミ収集作業員

〈表〉配達員

〈裏〉配達員

〈表〉医師

〈裏〉医師

〈表〉日にち

〈裏〉勤労感謝の日

〈表〉看護師

〈裏〉看護師

ペープサート㉕

P.77〜P.79 クイズで楽しいクリスマス

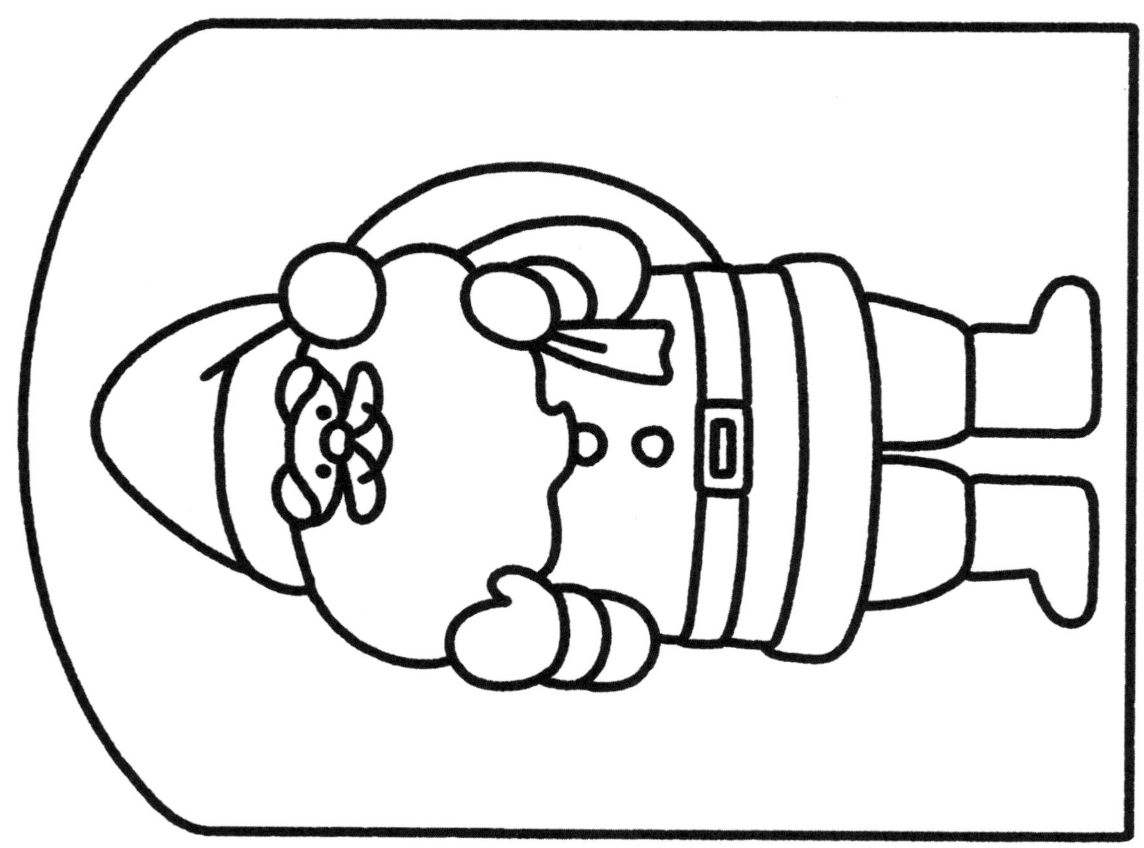

〈中〉サンタさん

〈中〉メリークリスマス

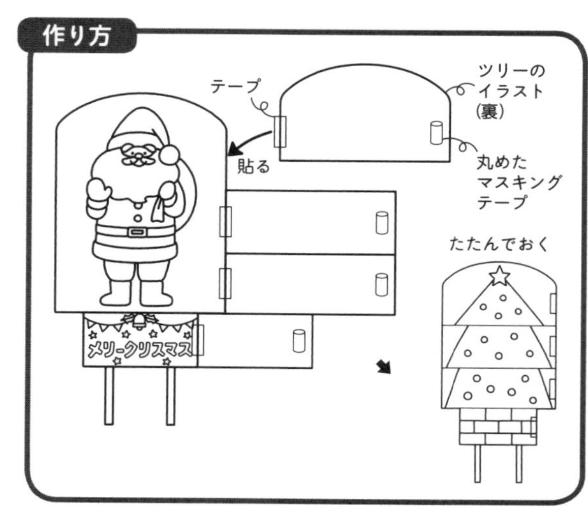

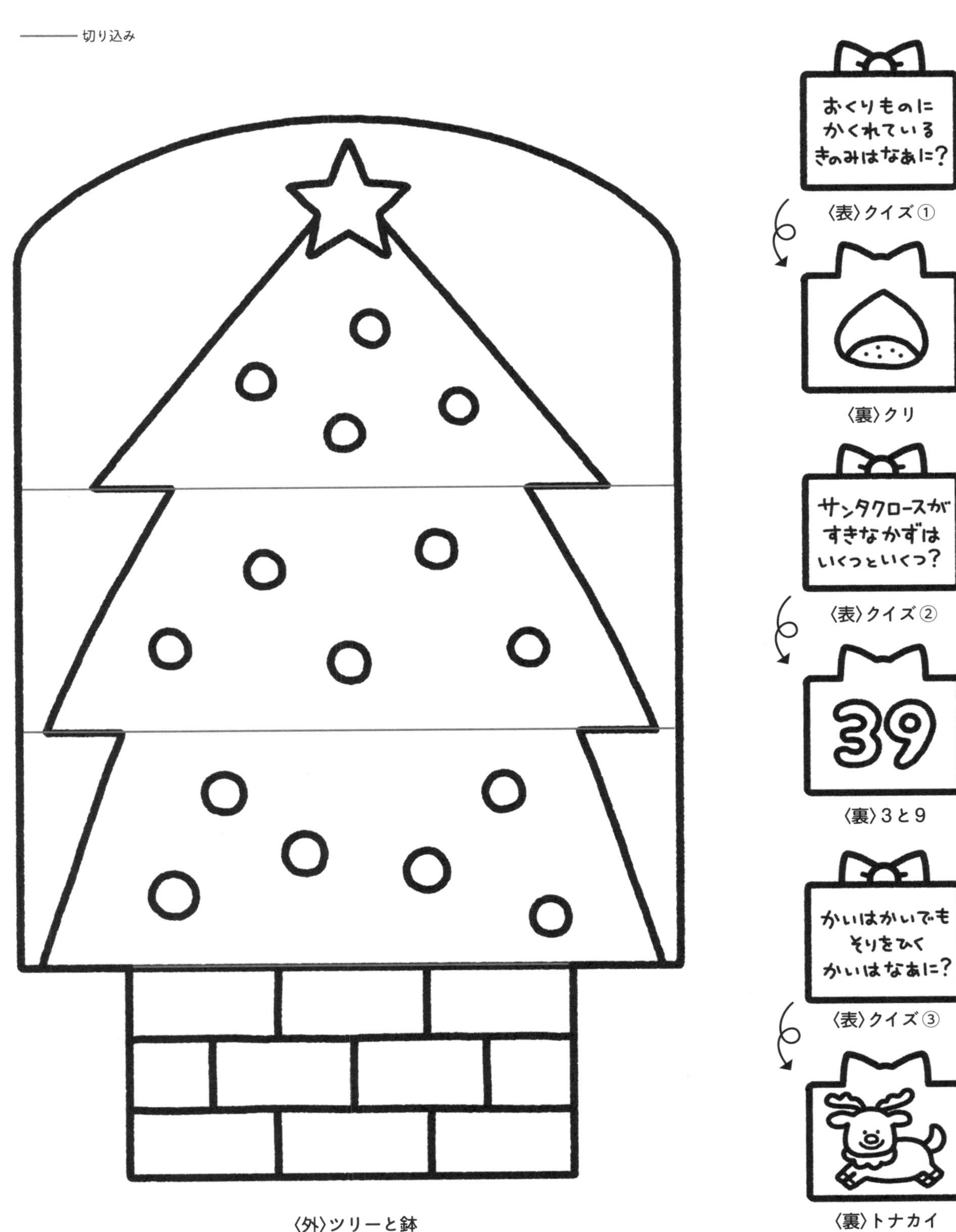

〈外〉ツリーと鉢

〈表〉クイズ①

〈裏〉クリ

〈表〉クイズ②

〈裏〉3と9

〈表〉クイズ③

〈裏〉トナカイ

ペープサート 26

P.80～P.82 不思議なおもちつき

200% 拡大 200%拡大をして使用してください。

——— 切り込み

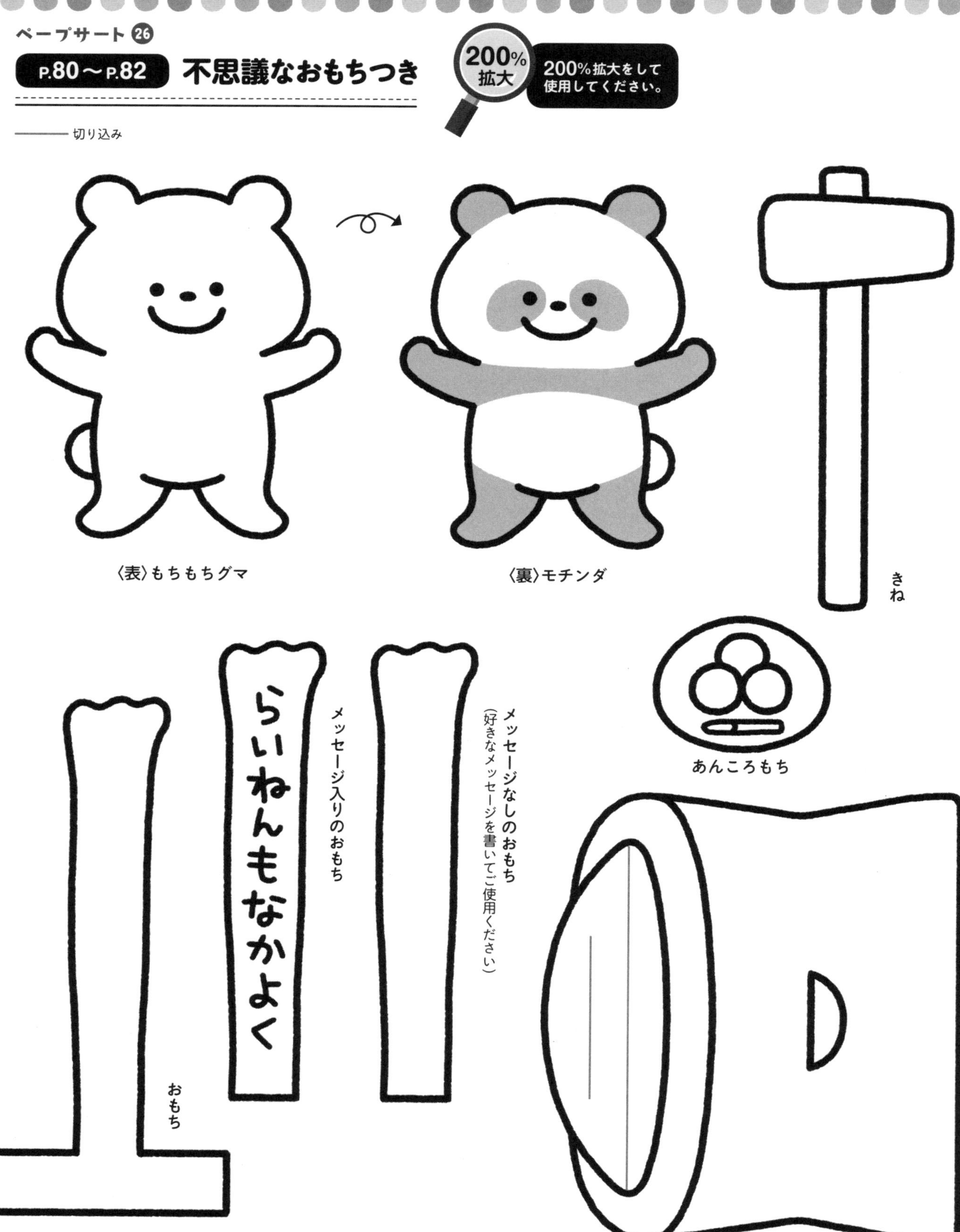

P.83～P.85 ネコくんの初夢

200% 拡大

200%拡大をして使用してください。

P.86〜P.88 豆の好きな鬼

200%拡大

200%拡大をして使用してください。

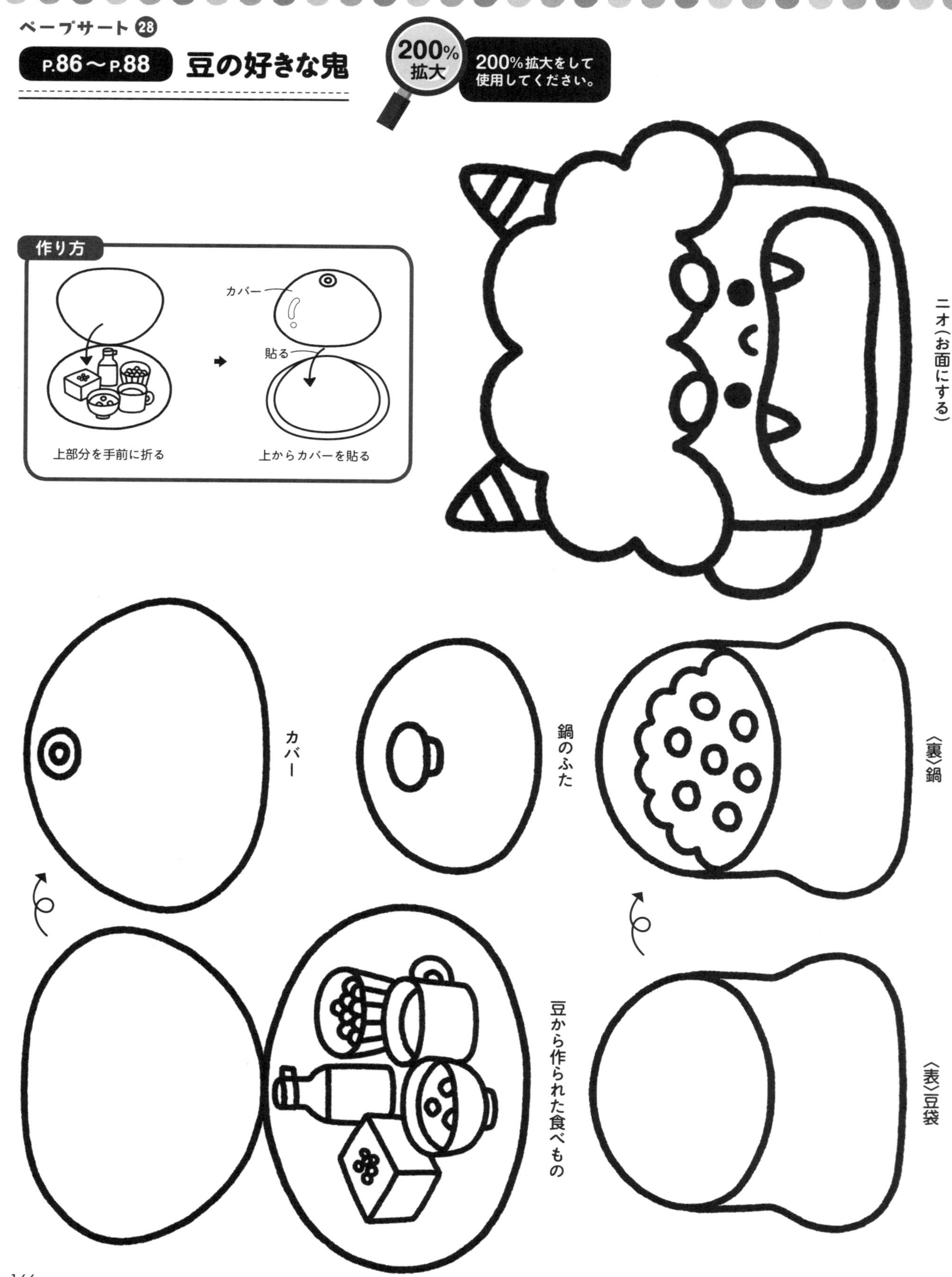

ペープサート㉙

P.89〜P.91 4つのハートチョコ

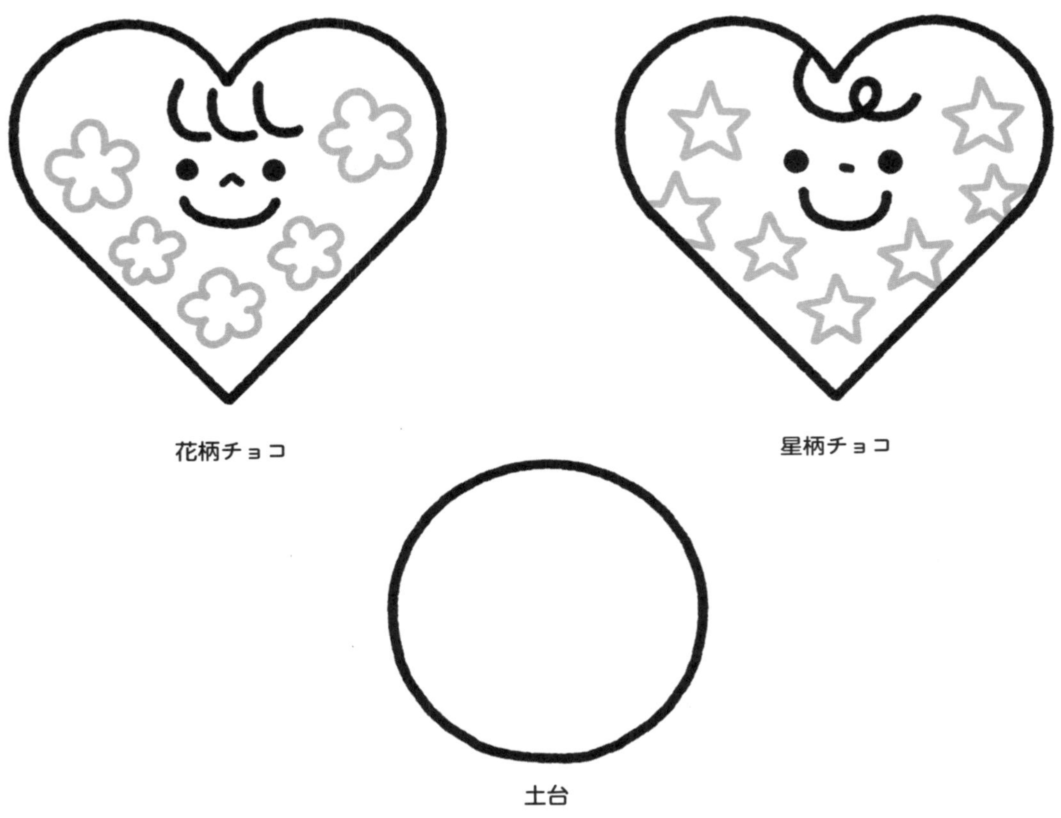

ハート柄チョコ

水玉柄チョコ

P.92～P.94 おひなさまのしりとりあそび

-・-・-・- 山折り

———— 切り込み

めびな

おびな

ぼんぼり×2

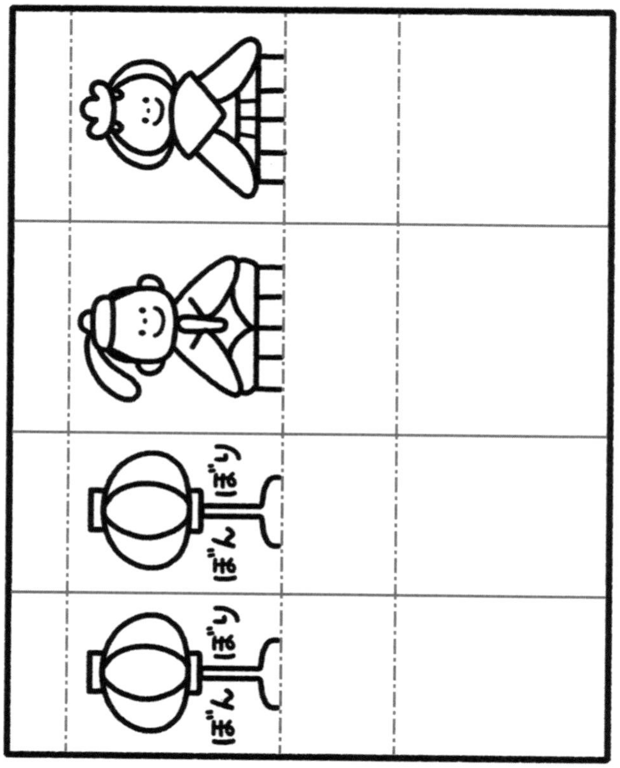

ぼんぼり

ぼんぼり

〈表〉りす　〈裏〉りす

〈表〉すずめ　〈裏〉すずめ

〈表〉めだか　〈裏〉めだか

〈表〉かい　〈裏〉かい

〈表〉いけ　〈裏〉いけ

〈表〉けいと　〈裏〉けいと

〈表〉とんぼ　〈裏〉とんぼ

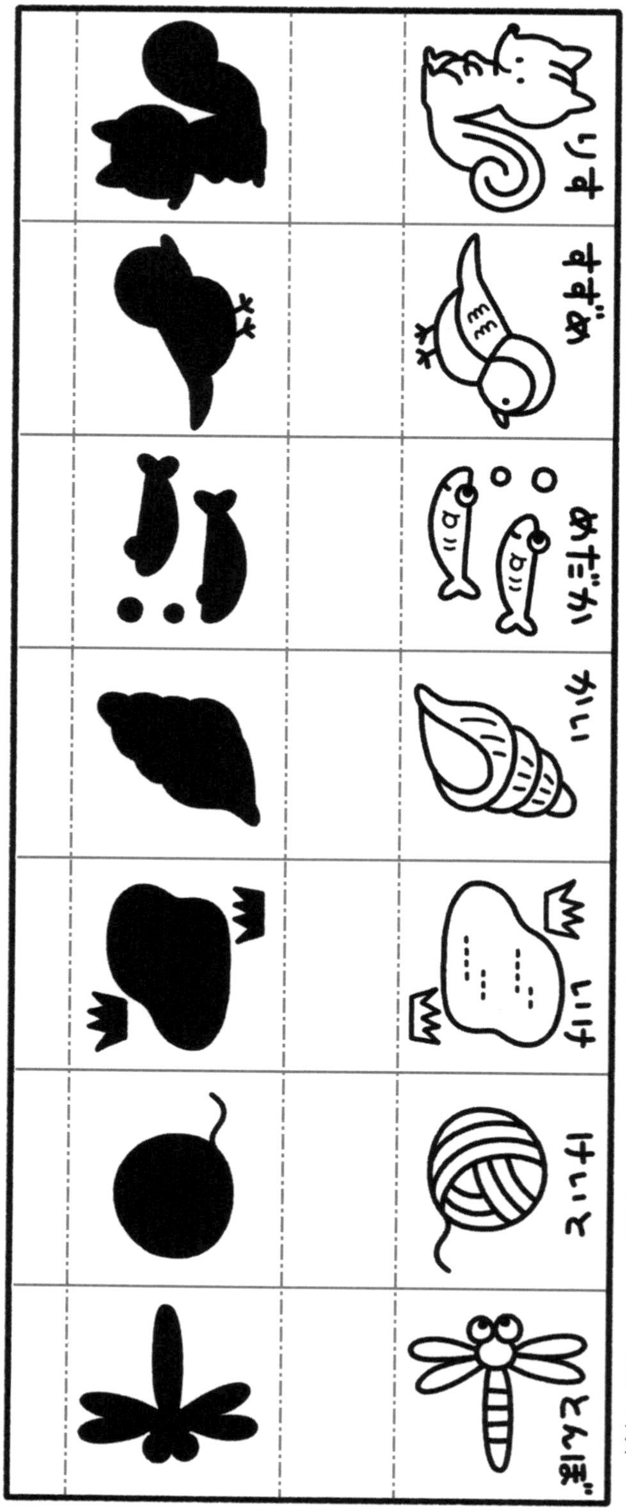

りす

すずめ

めだか

かい

いけ

けいと

とんぼ

ペープサート 31

P.95～P.97

びっくりイースターエッグ

-・-・- 山折り

〈表〉イースターバニー

〈裏〉イースターバニー

〈表〉たまご(小)

〈裏〉ヒヨコ

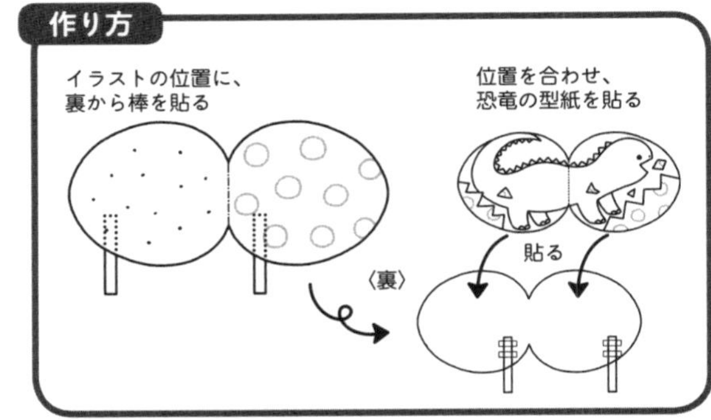

草むら

P.95～P.97 びっくりイースターエッグ

200%拡大をして使用してください。

-・-・- 山折り
------- 谷折り

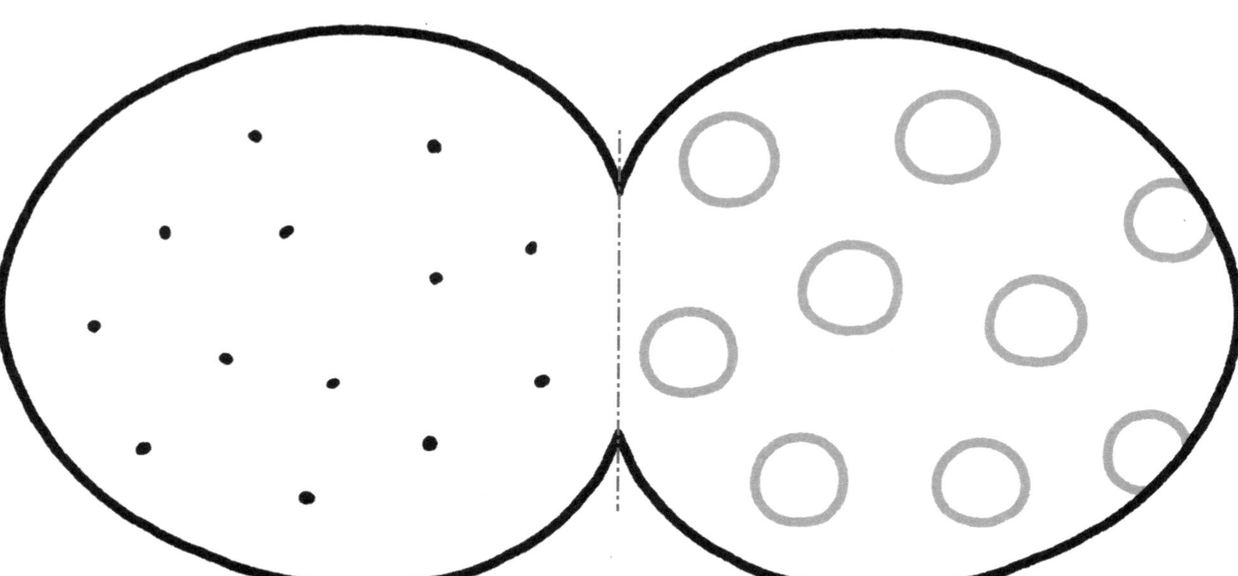

〈外〉石・たまご(大)

〈中〉恐竜

ペープサート ㉜

P.98〜P.100 「き」は「き」でも

200% 拡大 200%拡大をして使用してください。

葉 ①

葉 ②

〈表〉木

葉 ③

〈裏〉ケーキ

ペープサート 33

P.101～P.103 誕生日の贈りもの

200% 拡大

200%拡大をして使用してください。

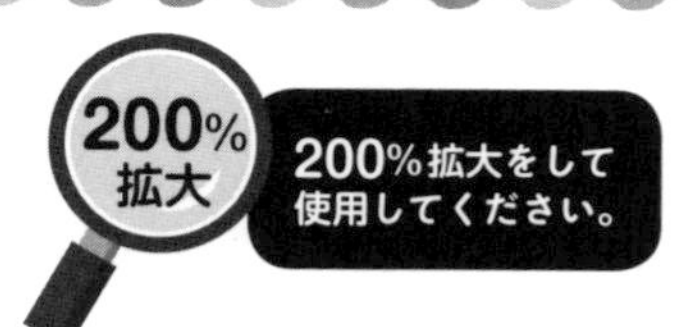

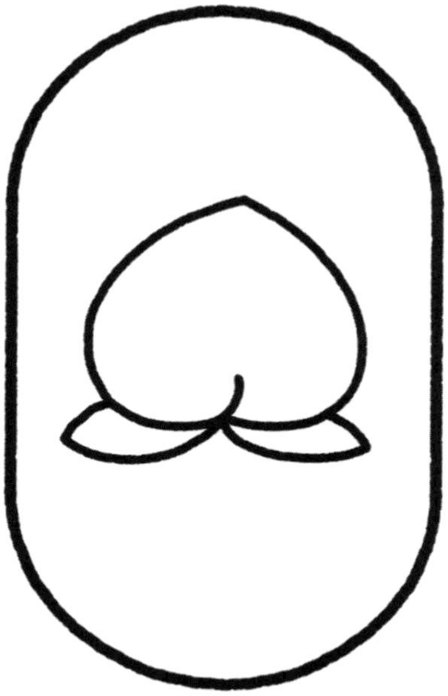

〈表〉桃

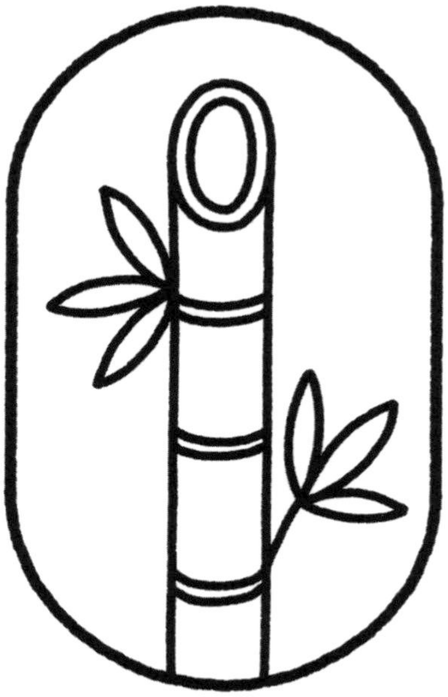

〈表〉竹

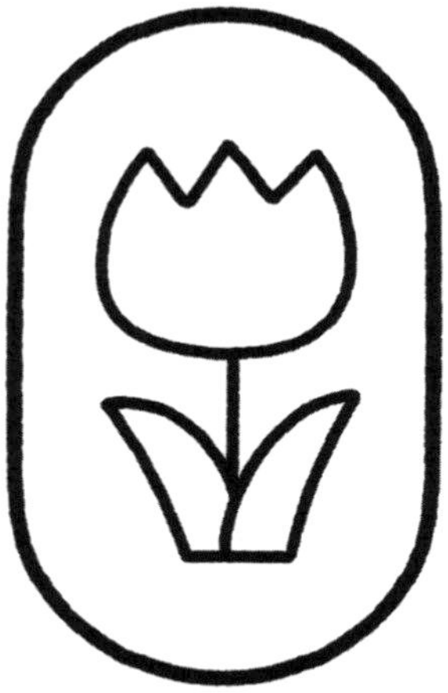

〈表〉花

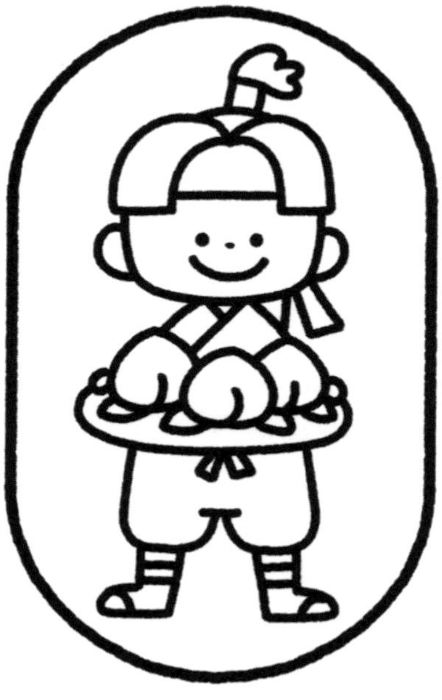

〈裏〉ももたろう

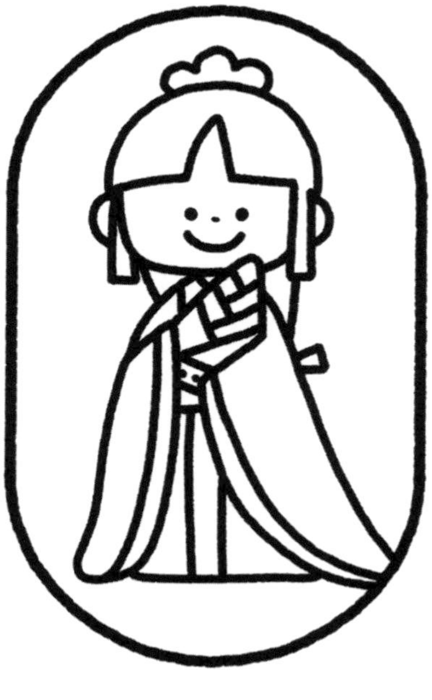

〈裏〉かぐや姫

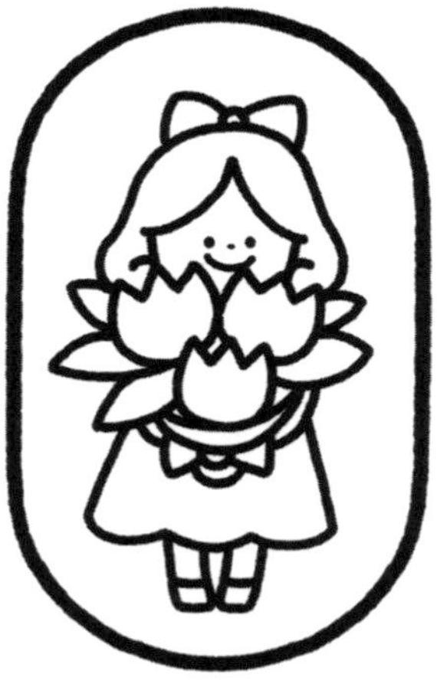

〈裏〉おやゆび姫

〈裏〉ハート王子

〈中〉たんじょうびおめでとう

〈裏〉ハート姫

〈表〉ハート

※ハートは、王子・姫どちらの
裏に貼ってもOKです。

型紙

ペープサート 34

P.106～P.108 おしゃべりペンギン

200%拡大

200%拡大をして使用してください。

- ・－・－・ 山折り
- －－－－－ 谷折り
- ――― 切り込み

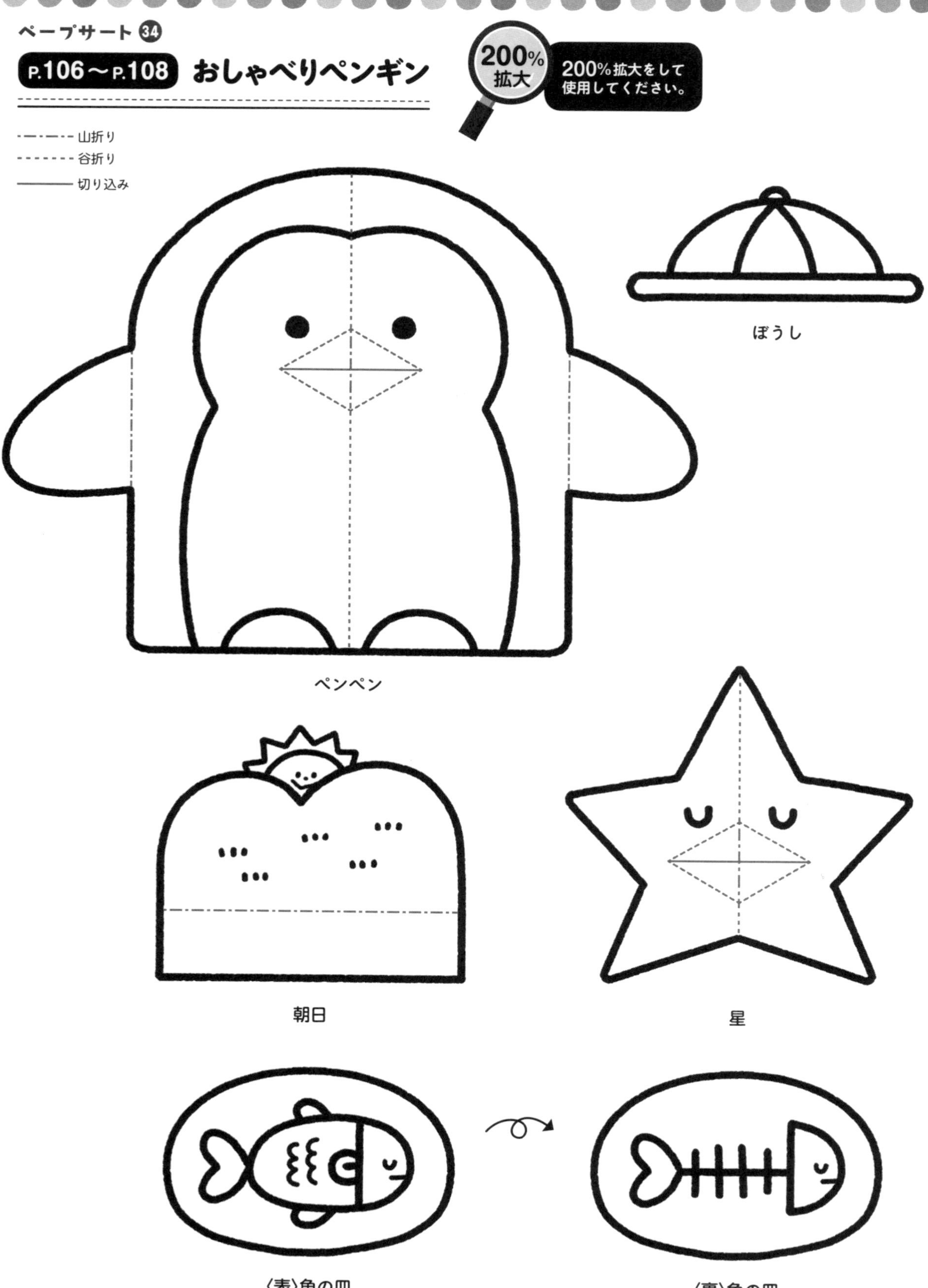

ぼうし

ペンペン

朝日

星

〈表〉魚の皿

〈裏〉魚の皿

ペープサート 35

P.109～P.111 交通安全のやくそく

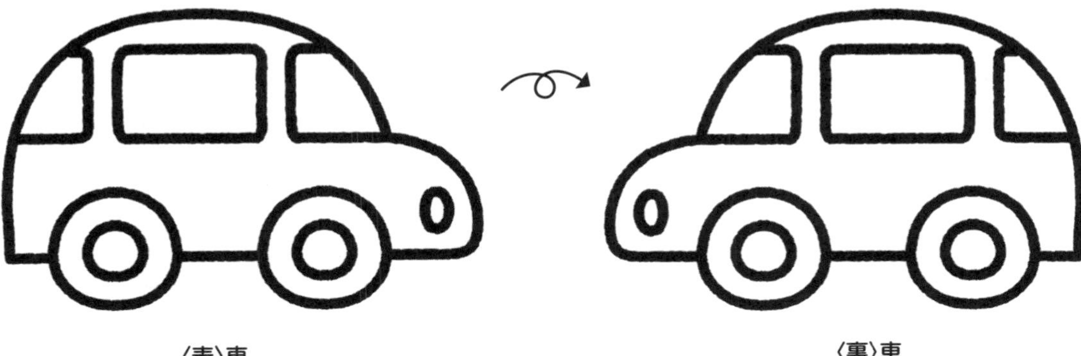

〈表〉車

〈裏〉車

〈表〉信号機（赤）

〈裏〉信号機（青）

横断歩道

ペープサート 36

P.112～P.114 おいしく食べられるかな？

200% 拡大

200%拡大をして使用してください。

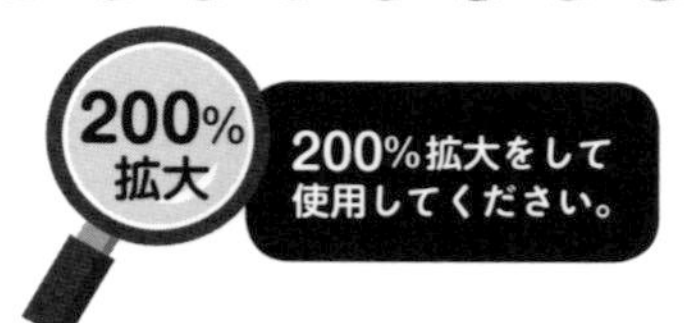

——— 切り込み

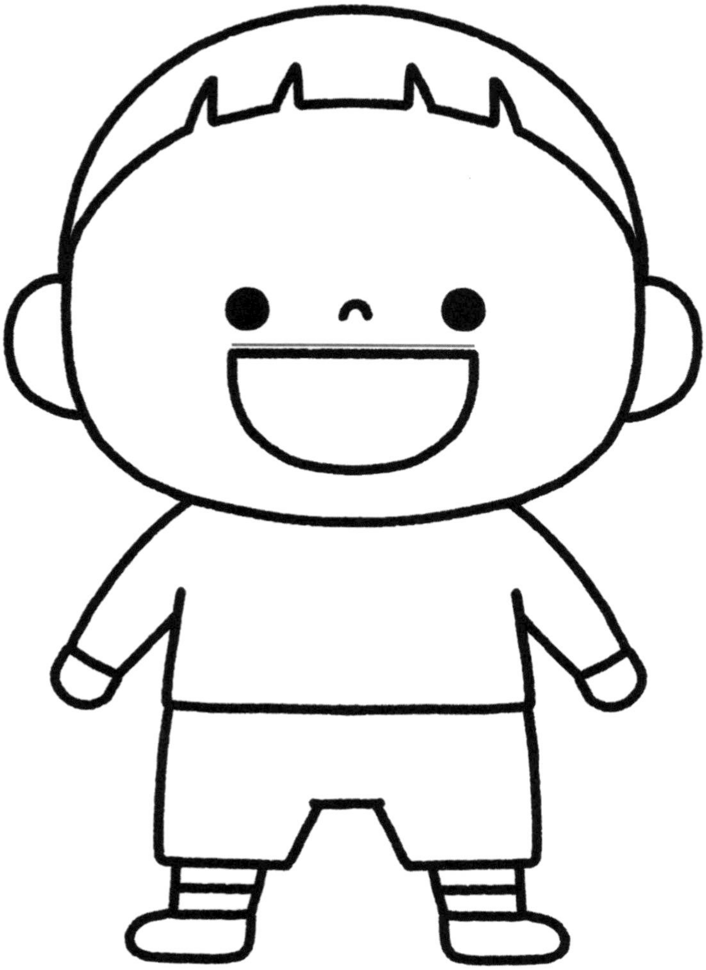

パックん

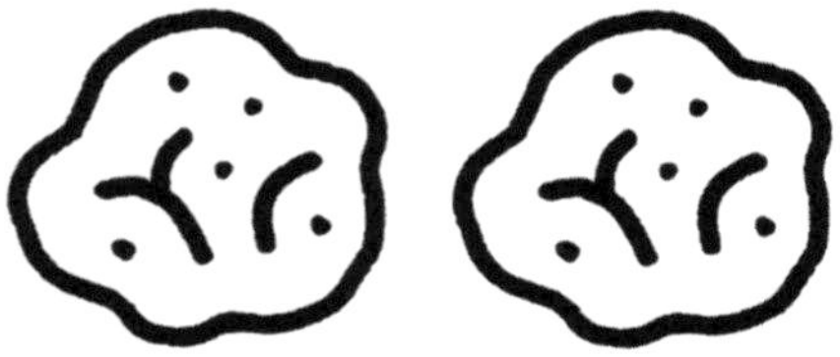

お肉×2

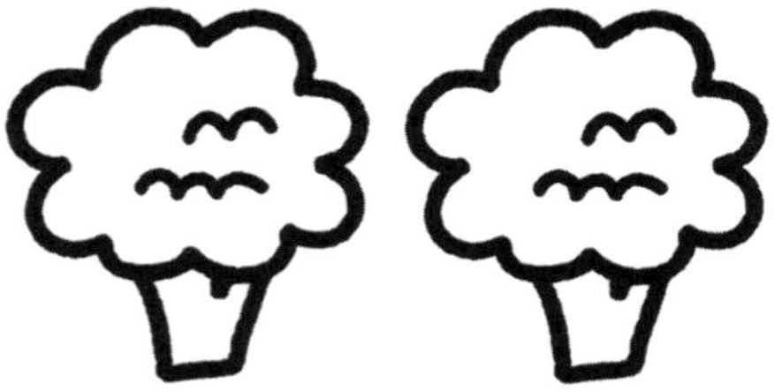

ブロッコリー×2

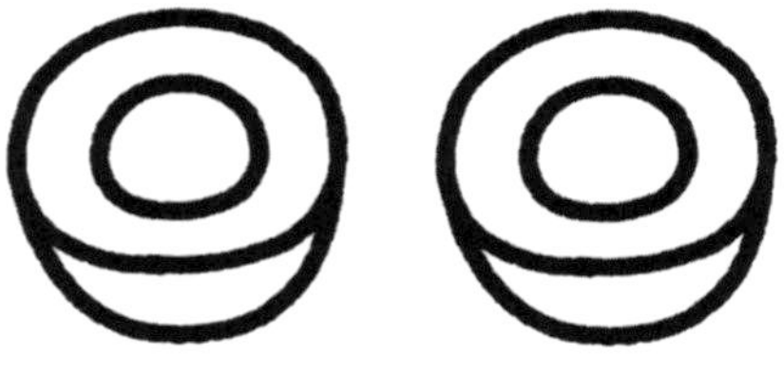

卵×2

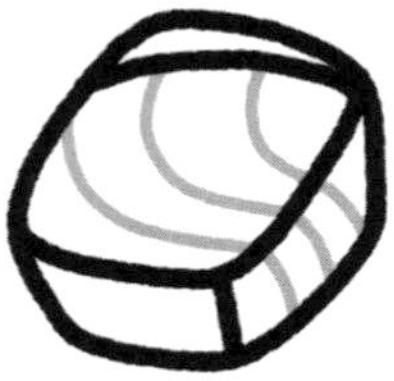

お魚

作り方

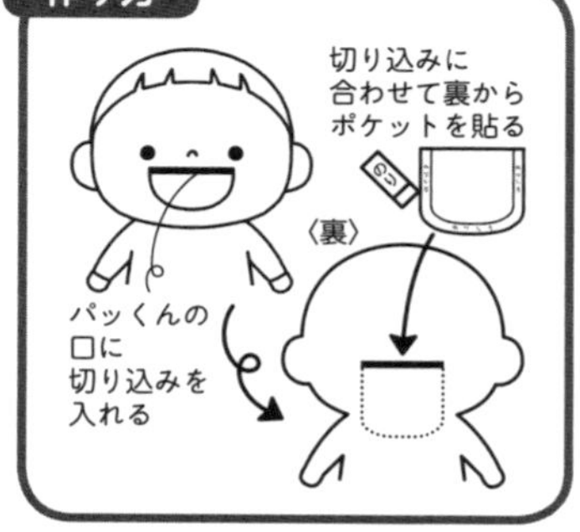
切り込みに
合わせて裏から
ポケットを貼る
〈裏〉
パックんの
口に
切り込みを
入れる

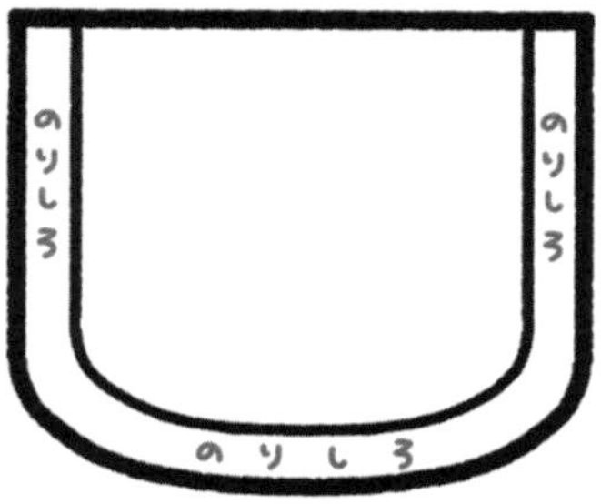
のりしろ
のりしろ
のりしろ

パックんの口の
ポケット

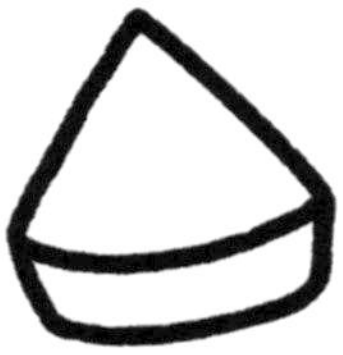

ニンジン

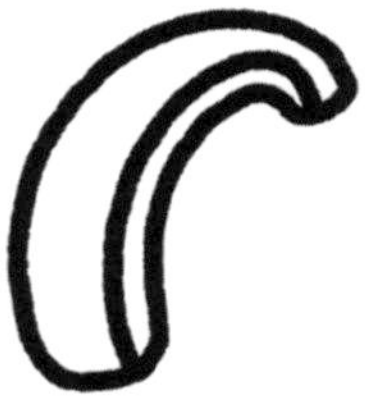

ピーマン

ペープサート 37

P.115～P.117 ムシバイキンのかくれんぼ

200% 拡大

200%拡大をして使用してください。

――― 切り込み

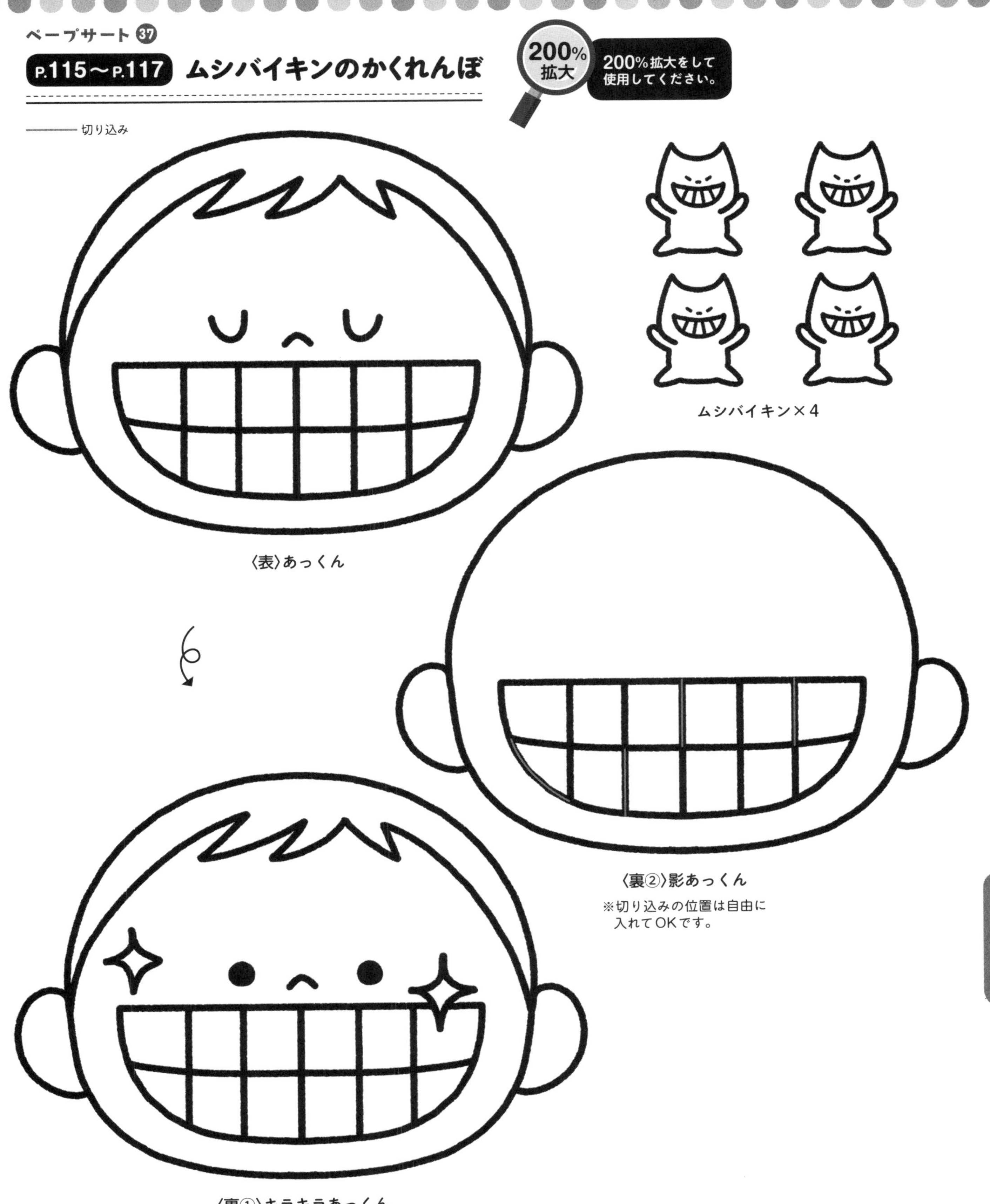

ムシバイキン×4

〈表〉あっくん

〈裏②〉影あっくん

※切り込みの位置は自由に入れてOKです。

〈裏①〉キラキラあっくん

P.118〜P.120 絵本くんの冒険

- - - 山折り
- - - 谷折り

かいじゅう

王子さまとお姫さま

絵本くん

〈表〉

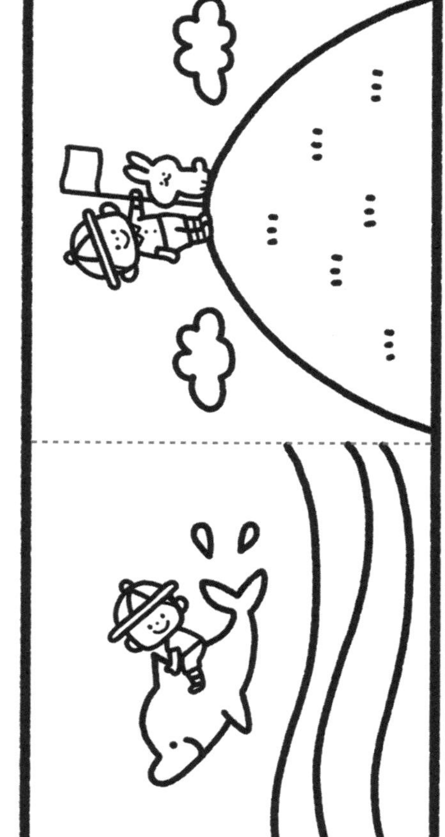

山

海

〈裏〉

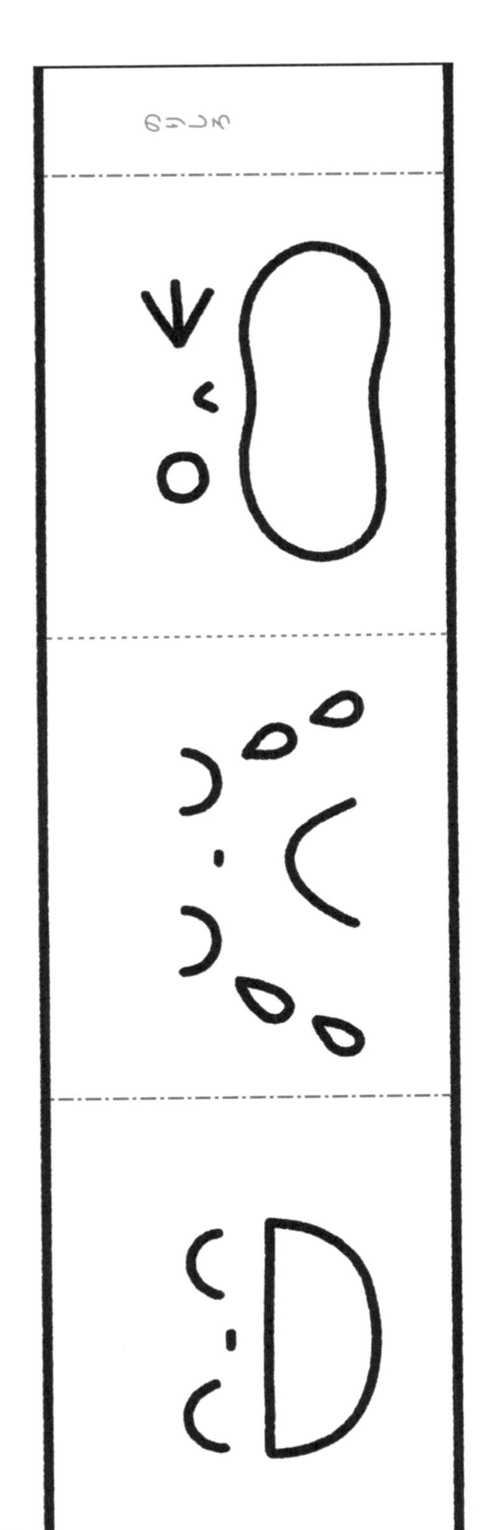

笑顔

泣き顔

驚いた顔

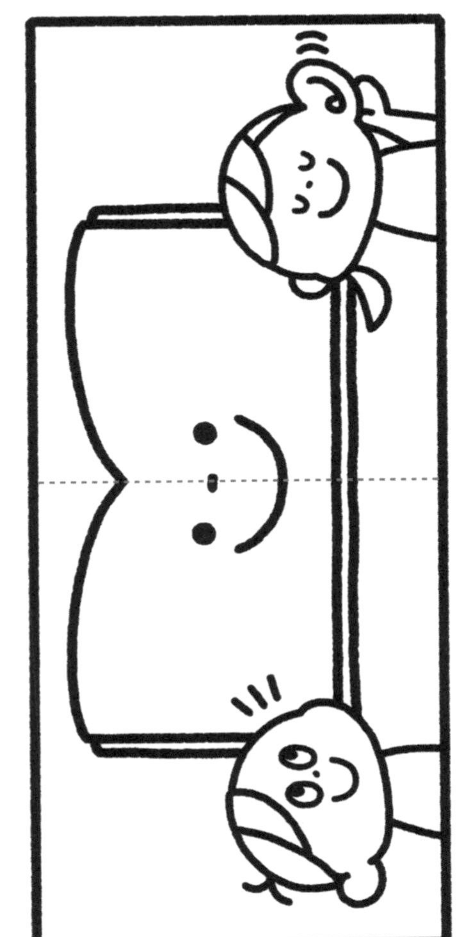

目と耳を向ける

型紙

P.121～P.123 おふとんさんが待ってるよ

女の子

おふとんさん

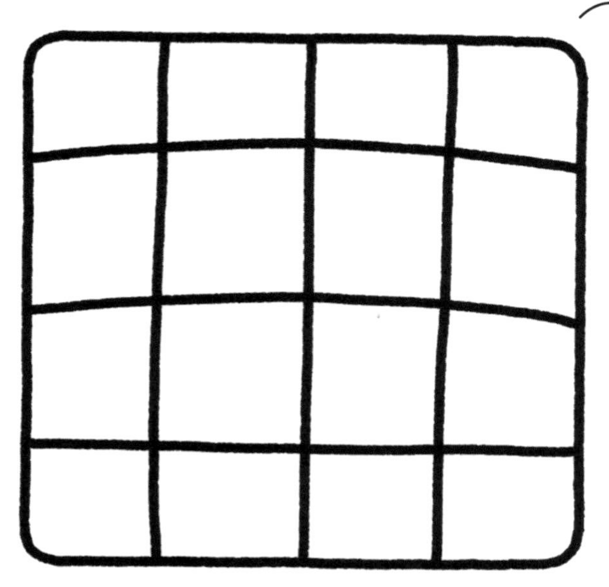

〈表〉かけぶとん

〈裏〉かけぶとん

ペープサート 40

P.124～P.126

おやつなぞなぞ

〈表〉ぼうしの子　　〈裏〉プリン

〈表〉タイヤの木

〈裏〉たい焼き

ペープサート40

P.124〜P.126 おやつなぞなぞ

200%拡大

200%拡大をして使用してください。

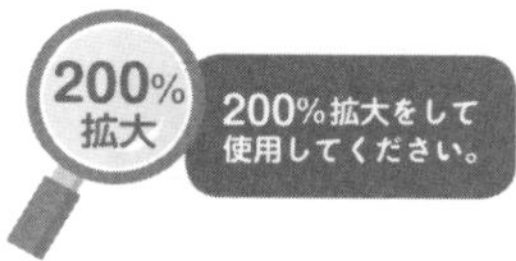

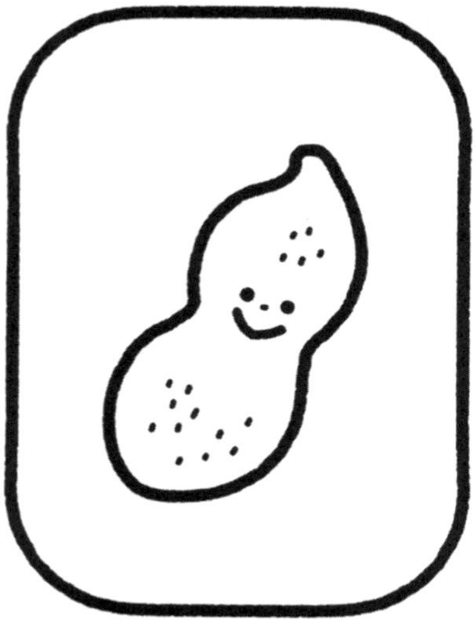

〈表〉ピーナツ

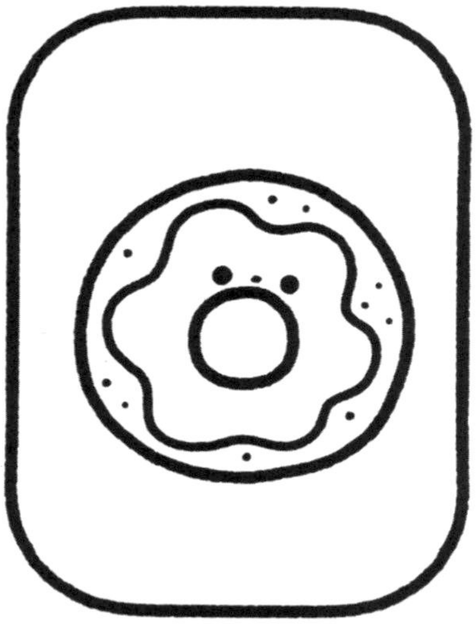

〈裏〉ドーナツ

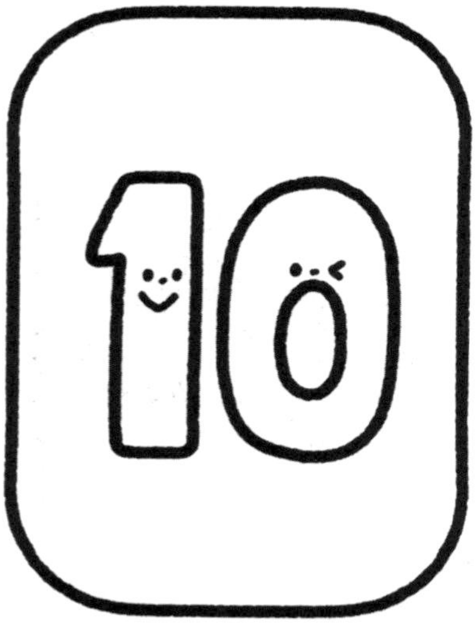

〈表〉10

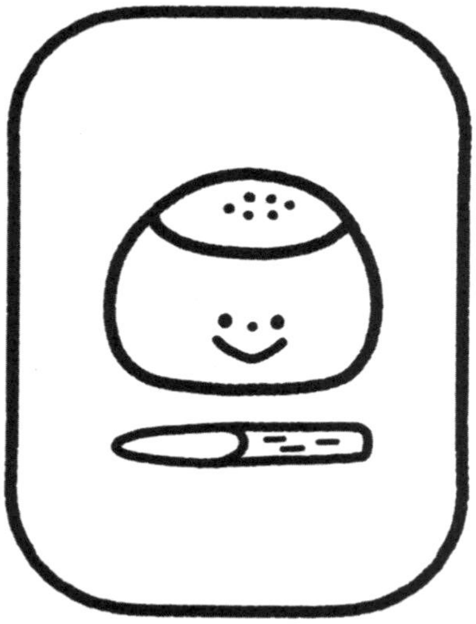

〈裏〉まんじゅう

イラスト：カモ

山口県生まれ、埼玉県育ち、現在東京都在住。
広告制作会社でグラフィックデザイナーとして勤務ののち、イラストレーター（デザイナー）としてフリーで活動中。著書に『ボールペンでかんたん！プチかわいいイラストが描ける本』（メイツ出版）、『保育に役立つ！カモさんのイラストカードまるごとBOOK』（小社刊）、ほか多数。「NHK Eテレ趣味どきっ！」「NHK Eテレ趣味Do楽」では講師として出演。日本だけでなくインドネシアでもイラスト講座やイベントを開催している。
【ホームページ ➡ https://kamoco.net/】

本文・装丁デザイン	松本恵子(k.design)
お話	山本省三
モデル	中澤梨乃(GURRE)　名倉 愛(GURRE)
撮影	大畑俊男
作り方イラスト	松山絢菜
浄書	前田明子
校正	みね工房
編集・制作	(株)童夢

本書の内容に関するお問い合わせは、**書名、発行年月日、該当ページを明記**の上、書面、FAX、お問い合わせフォームにて、当社編集部宛にお送りください。**電話によるお問い合わせはお受けしておりません。**
また、本書の範囲を超えるご質問等にもお答えできませんので、あらかじめご了承ください。
FAX：03－3831－0902
お問い合わせフォーム：http://www.shin-sei.co.jp/np/contact-form3.html

落丁･乱丁のあった場合は、送料当社負担でお取替えいたします。当社営業部宛にお送りください。

JASRAC 出 2010303-001

すぐに使える！
カモさんのかわいいペープサート

2021年２月15日　初版発行

著　者　カ　モ
発行者　富　永　靖　弘
印刷所　公和印刷株式会社

発行所　東京都台東区台東２丁目24　株式会社 新星出版社
〒110-0016　☎03(3831)0743

ISBN978-4-405-07328-9